올리버쌤의 영어 꿀팁

초판 1쇄 발행 2018년 12월 7일
초판 15쇄 발행 2024년 8월 15일

지은이 올리버 샨 그랜트
펴낸이 최순영

출판1 본부장 한수미
와이즈 팀장 장보라

펴낸곳 ㈜위즈덤하우스 **출판등록** 2000년 5월 23일 제13-1071호
주소 서울특별시 마포구 양화로 19 합정오피스빌딩 17층
전화 02) 2179-5600 **홈페이지** www.wisdomhouse.co.kr

ⓒ 올리버 샨 그랜트, 2018

ISBN 979-11-6220-989-9 13740

120만 명이 정주행한 유튜브 최강의 영어 강의

올리버쌤의 영어 꿀팁

Oliver's English

올리버 샨 그랜트 지음

위즈덤하우스

수능 8등급인 제가 올리버쌤 강의 듣고 그냥 막 영어로 말하기 시작했어요. 지식도 지식이지만 쌤은 저에게 자신감을 갖게 해주셨어요.

— 흥

아침마다 올리버쌤 강의 중 1개 골라서 노트 정리하고 매일 30분씩 외우고 있어요. 한국인들이 실수하는 부분을 정확히 알고 계셔서 정말 도움 많이 됩니다.

— 스폰지밥

외국에 나갈 수는 없지만 국내에서 할 수 있는 최고의 영어공부 환경은 올리버쌤의 강의를 듣는 거예요. 저희 부모님도 쌤 강의 완전 잘 보고 계세요.

— Random NBA

사실 저는 영어를 좋아하지 않습니다. 하지만 올리버쌤의 엄청난 꿀팁들로 자연스럽게 영어에 자신감이 붙었습니다. 다른 강의들과 차원이 달라요!

— Yeji L

올리버쌤 덕분에 25년 전에 포기한 영어에 다시 도전하게 됐어요.

— ·· kmb

내 나이 50을 훌쩍 넘겼지만 그 어떤 강의보다 알차고 습득 속도가 빠릅니다. 출퇴근길에 늘 올리버쌤 강의 듣고 따라하니 자신감이 생기네요.

— 유하

37세 아이 둘 엄마예요. 아이들에게 도움이 되고자 영어공부 시작한 지 1년째인데, 여러 강의를 찾아봤지만 그중 최고는 올리버쌤이었어요. 귀에 쏙쏙 박히는 설명과 바른 표현법들. 덕분에 아이들 유치원 친구인 외국 아이에게도 쉽게 다가가게 되었어요.

— 홍정인

올리버쌤 강의는 기억에 오래 남습니다. 언어학을 전공해서 그런지 교수법이 매우 뛰어나세요. 생생한 표정, 반복적인 학습, 구체적인 상황 설명을 동원해 짜임새 있게 가르쳐주세요. 지금껏 들어본 영어 강의 중 가장 효과적!

— 이주형

10년 이상 미국에서 유학생으로 직장인으로 살고 있어요. 제가 처음 영어를 배울 때 올리버쌤 같은 분께 배울 수 있었다면 많은 시행착오를 줄일 수 있었을 거예요. 올리버쌤은 정말 관찰력과 이해력이 뛰어난 것 같아요.

— bananarepb

학교 영어선생님입니다. 아이들에게 영어권 문화도 함께 가르쳐줘서 흥미를 갖게 하고 싶었는데, 올리버쌤 강의는 자극적이지 않으면서 흥미롭고 늘 바른말을 쓰셔서 학생들에게 보여주기 최고입니다. 저 자신도 영어를 기계적으로 공부해서 미묘한 뜻 차이를 모른 채 아이들을 가르쳐왔는데, 이젠 쌤 강의로 제대로 공부하고 있어요.

— JM lm

외국인이 말 걸면 도망치는 '영어 공포증'을 겪어본 한국인에게 가장 필요한 영어 책.

— D.K.

저희 고등학교 영어선생님이 시험 끝나면 올리버쌤 강의 틀어주세요. 올리버쌤 강의를 통해서 어색한 표현과 미국에서 많이 쓰는 유용한 표현들 많이 배웠어요.

— 서주희

올리버쌤 강의를 보면서 단어를 사전적인 의미로 외우는 것보다 상황과 맥락 안에서 이해하는 것이 중요하다는 걸 알게 됐어요.

— sue woo

입시를 위해 영어를 배우면서 점점 영어가 싫어지고 말하기를 못 하게 되었는데 올리버쌤을 통해 현지 영어를 알게 되면서 다시 영어에 대한 흥미가 생겼습니다.

— 연애

10년 넘게 한 영어공부보다 올리버쌤 알고 난 후 한 달 정도 공부한 효과가 더 크다는 게 말이 됩니까? 직장에서 미국인들과 소통할 일이 많은데 정말 큰 도움이 돼요! 집에 있는 회화책 다 갖다 버리고 올리버쌤 책으로 공부하라고 자신 있게 말씀드립니다.

— Moon halo

초등 4학년 아들에게 쌤 강의 보여줬더니 너무 재밌다고 좋아하더라고요. 자기네 반 친구도 보는 강의라고. 사춘기 접어드는 아들과 같이 보며 대화하고 웃게 해주는 올리버쌤, 오래오래 강의해주세요.

— 김복희

워킹홀리데이 하던 시절 영어공부를 어떻게 해야 하나 막막했던 그때 올리버쌤 강의 보고 너무 좋아서 매일 새벽 6시에 일어나 강의 하나씩 챙겨봤던 기억이 나네요. 한국에 온 지금까지 잘 이용하고, 친구들에게도 적극 추천하는 보증 인강입니다.

— 조민희

아무리 미드나 회화 영상을 봐도 누군가 알려주지 않으면 깨닫지 못하는 부분을 올리버쌤 강의를 보면서 배우고 고칠 수 있었어요. 문화적인 배경까지 설명해주셔서 기억에도 훨씬 오래 남고요.

— Lim Jeon

올리버쌤은 저에게 영어를 시험이 아닌 언어로 느끼게 해주셨어요!

— ji

상황극으로 영어를 가르쳐주시니까 이해하기가 더 쉽고 기억도 잘돼요. 그리고 올리버쌤이 한국 문화를 너무 잘 이해하고 있어서 한국인의 눈높이에 딱 맞는 강의입니다.

— Hyojeong Kang

영어를 20년 넘게 배우고 있으면서도 몰랐던 단어의 미묘한 차이나 어감 등을 확실하게 알 수 있어요.

— 한진아

한국인이 실수하기 쉬운 부분과 어려워하는 영어의 미묘한 뉘앙스를 콕콕 집어주는 올리버 쌤의 수업은 가려운 곳만 찾아 긁어주는 효자손 같은 강의예요!

— 黒沼リン

그동안 영어공부는 학교 성적 잘 받기 위해 하는 거였는데, 올리버쌤 강의를 보고 '영어공부가 이렇게 재밌을 수도 있구나' 깨달았어요.

— 희누피 Heenoopy

미국의 문화적 배경까지 설명해주셔서 영어표현들을 완전히 내 것으로 만들 수 있게 해주세요. 그리고 한국 문화를 거의 한국인만큼 잘 알고 계셔서 한국인들이 뭘 어려워하고 힘들어하는지 정확히 알고 계세요.

— 돌돌돌고래

저처럼 영어를 어중간하게 잘하는 사람은 어떻게 해야 영어 완성도를 더 높일 수 있을지가 고민인데, 그런 부분을 정확하게 짚어줘요. 올리버쌤 강의는 원어민처럼 자연스러워 보일 수 있는 문장들로 가득 차 있어요.

— ac uarium

입시 위주 교육에선 절대 배울 수 없었던 꿀팁, 심지어 미국에서도 깨닫기 어려웠던 실전 표현들. 올리버쌤 강의는 홀로 미국에서 지내던 제게 동아줄 같았어요. 한국으로 돌아온 지금도 잊지 않기 위해 전보다 더 열심히 쌤 강의 챙겨 봐요.

— 유지연

지금 승무원 준비 중입니다. 올리버쌤 강의 보면서 '지금껏 난 영어를 잘못 배웠구나' 생각했어요. 덕분에 영어에 조금씩 눈뜨고 있습니다.

— 지혜

재밌어서 저절로 입이 트이는
1일
1표현
100일
영어공부법

잘못된 표현으로 생기는 오해와 말문이 막히는 순간들을
미국인(A)과 한국인(K)의 대화 상황으로 담아봤어요.

1일 1표현 매일 5분씩 100일이면
원어민처럼 자연스럽게 말할 수 있어요.

요즘 미국인들이 흔히 사용하는
리얼 표현만 콕콕 집어 알려드립니다.

---

001 '~해야 한다'는 의미로 쓰는 should

A Wow! This is so high.
와, 정말 높다!

K You should use that bungee cord.
▶ 의도: 번지점프 줄 반드시 매야 해요.

A Okay, thanks.
네, 감사합니다.

K 헉! 줄 없이 뛰어버렸어!

★ 한국 학교에서 should를 배울 때 보통 have to, must와 함께 배워요. 그래서 모두 should는 명령 혹은 의무의 뜻을 가지며 정도에 차이가 있다고 이해하죠. 그 때문인지 많은 한국 사람들이 should를 '해야 한다'는 뜻으로 알고 있는 경우가 많은 것 같아요. 하지만 should는 '해야 한다'는 의무의 뜻보다 recommend나 suggest처럼 '하는 게 좋아요'와 같은 추천의 의미로 해석하는 것이 더 정확해요. 예문으로 뉘앙스 차이를 구분해볼까요?

EXPRESSIONS 어떻게 말해보세요

● You should use a bungee cord.
번지점프 줄 치는 게 좋아요.

➡ You must use a bungee cord.
번지점프 줄 반드시 매야 해요.

● You should wear a spacesuit in space.
우주에서는 우주복을 입는 게 좋아요.

➡ You must wear a spacesuit in space.
우주에서는 우주복을 꼭 입어야 해요.

● You should run from the zombies.
좀비 오니까 도망가는 게 좋을 거야.

➡ You must run from the zombies.
좀비 오니까 도망쳐야 돼.

● You should pay me my salary.
제 월급 주시면 좋을 것 같아요.

➡ You must pay me my salary.
제 월급 꼭 주세요.

＊ must는 have to로 대체 가능합니다.

20

21

QR코드를 찍으면 유튜브 강의 영상으로 바로 연결됩니다. 올리버쌤의 익살스러운 상황극을 보다 보면 머리에 쏙쏙~ 입에서 술술~ 영어가 드디어 재밌어져요!

한국인이 자주 틀리는 부분을 바로잡아주고 한국어와 영어의 미묘한 뉘앙스 차이를 짚어주는 올리버쌤의 꿀팁을 만나보세요.

유튜브 구독자 댓글 중
재치 있는 질문이나 영어 궁금증 등을
뽑아 올리버쌤이 답해드려요.

한국과 미국의 문화 차이,
올리버쌤의 재밌는 경험담, 추가 표현 등
앞에서 다루지 못한 또 다른 이야기들로
영어공부가 더 즐거워집니다.

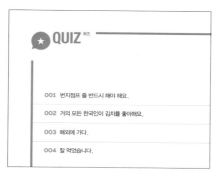

10개 표현마다 공부한 내용을 복습해볼 수 있는 리뷰
퀴즈를 풀어보세요.

퀴즈 이후에는 유튜브 구독자들이 가장 많이 질문한
영어공부의 어려움에 대해 올리버쌤이 답해줍니다.
3개 국어에 능통한 올리버쌤만의 영어공부팁! 놓치지
마세요.

▶ 케이크앱으로 공부한 내용을 확실한 내 것으로 만드세요!

❶ 케이크앱 실행 후 하단의 지구본 모양 아이콘을 클
릭해주세요.
❷ 돋보기 아이콘 옆으로 책의 차례 번호 세 자리 숫
자를 입력해주세요.

케이크앱은 올리버쌤의 영어 표현을 원어민들이
실생활에서 어떻게 사용하는지 반복해서 들어보
고, 나의 발음도 평가받을 수 있는 100% 무료 앱
입니다.

시작하며

안녕하세요, 올리버쌤입니다!

  항상 영상으로 인사드리다가 책에서 인사를 드리려고 하니까 뭔가 쑥스럽네요. 😀 많은 분들이 제가 영어 강의를 만들기 전에는 어떤 일을 했는지 물어보세요. 사실 저는 오랫동안 한국의 초등학교와 중학교에서 영어 선생님으로 일했어요. 그동안 정말 사랑스러운 학생들을 많이 만났고, 한국어 공부에 대한 자극도 많이 받았죠. 영어로만 설명할 때 이해를 못 해서 답답해하는 학생들을 보면 더 쉽고 정확하게 설명해주고 싶어서 한국어를 더 열심히 공부하게 되더라고요.

  학생들과 나름대로 즐겁게 수업했지만 해를 반복하면서 아쉬운 부분도 많이 느끼게 되었어요. 가끔 교과서 내용이 부실하거나 교과서 속 표현이 어색한 걸 느꼈고, 교과서에 나오는 상황도 딱히 재미있지 않아 보였어요. 그래서 아이들이 한 번씩 집중력을 잃고 다른 짓을 하거나 하품하는 것이 당연하게 느껴지기도 했어요. 그 이유 때문인지 제 마음속에 조금씩 작은 꿈이 싹트기 시작했어요. '언젠가 정말 재미있고 실제 대화에서 바로 쓸 수 있는 수업을 해보고 싶다!' 그래서 어느 날 핸드폰 카메라로 간단하게 찍은 영상을 SNS에 올렸는데, 뜻밖에도 큰 관심을 보여주셔서 이렇게 지금까지 지속할 수 있었던 것 같아요.

  교실이 아닌 온라인 속 선생님으로서 가장 좋은 점은 시공간을 넘어 많은 학생을 만날 수 있다는 거예요. 교실에서 가르쳤을 때는 30명의 학생을 만났다면 이제는 그 숫자에 한계가 없거든요. 누구나 제 강의를 반복해서 볼 수 있고, 반이 새로 편성될 때마다 새로 만나는 학생들에게 똑같은 강의를 수십 번 반복해서 말할 필요도 없죠. 그런데 꼭 좋은 점만 있는 것은 아닌 것 같아요. 교실에서는 학생들의 반응을 직접 느낄 수 있었는데, 온라인에서는 그게 조금 부족하거든요. 학생들의 생각, 궁금증, 고민을 듣고 강의에 반영하면 최고일 텐데, 그 부분은 조금 아쉬웠어요. 그래서 이 책을 통해 여러분이 제 강의를 보면서 궁금해하셨던 것, 나누고 싶었던 생각 등에 최대한 적극적으로 반응하고 싶었어요.

저는 이 책을 여러분과 함께 썼습니다. 강의 영상에 달린 여러분의 댓글을 최대한 참고해서 영상으로 미처 알려드리지 못한 표현과 설명을 추가했어요. 그리고 많은 분들이 댓글로 달아주신 문화적인 차이에 대한 궁금증에 제가 겪은 경험담이나 생각을 담아 대답해보았어요. 그래서인지 책을 쓰는 내내 여러분이랑 수다를 떨면서 언어에 대해 대화를 나누는 기분을 느꼈답니다. 저도 그랬으니까 여러분도 이 책을 통해 저와 더 가깝게 수업하는 기분을 느낄 수 있겠죠? 책이라는 교실에서 여러분과 호흡을 맞추며 수업할 수 있어서 기분이 아주 묘하고 기쁘네요!!

여러분, 정말 감사드려요. 감사한 이유는 수만 가지이지만, 가장 먼저 제 강의를 재미있게 봐주시고 활용해주셔서 감사드려요. 그게 바로 제가 꾸준히 좋은 강의를 만들 수 있는 원동력입니다. 그리고 언제나 따뜻한 정과 사랑을 나눠주셔서 감사드려요. 덕분에 한 사람으로서 사랑을 받고 성장하는 기분을 많이 느꼈어요. 앞으로도 좋은 교육자로서, 사랑스러운 사람으로서, 여러분의 친구 같은 올리버쌤이 되고 싶습니다. 여러분, 사랑합니다. 😊💕

차례

독자 추천사 ··· 4

1일 1표현 100일 영어공부법 ······································ 8

시작하며 ··· 10

Lesson 1 한국인이 가장 많이 틀리는 표현들

001 '~해야 한다'는 의미로 쓰는 should ························· 20

002 '대부분의~'라는 의미로 쓰는 almost ····················· 23

003 방향 지시대명사 앞에 쓰는 to ······························· 26

004 만족한다는 의미로 쓰는 '잘' well ··························· 29

005 '~후에'라는 의미로 쓰는 after ······························· 32

006 '재미있다'는 의미로 쓰는 interesting ····················· 35

007 '~하면'이라는 의미로 쓰는 if ································· 38

008 '만나서 반갑다'는 의미로 쓰는 Nice to meet you ····· 41

009 '기분이 안 좋다'는 의미로 쓰는 I don't feel good ···· 44

010 '나쁘다'는 의미로 쓰는 bad ·································· 47

⭐ 퀴즈 ··· 50

▬ 올리버쌤의 영어공부팁 ❶ ································· 52

Lesson 2 한국인이 자주 쓰는 어색한 표현들

011 '바보야' 하고 가볍게 놀릴 때 쓰는 stupid ·············· 56
012 '~할 거야'라는 의미로 쓰는 will ·············· 59
013 '좋아요'라는 의미로 쓰는 I'm good ·············· 62
014 '기대된다'는 의미로 쓰는 expect ·············· 65
015 '외계인'이라는 의미로 쓰는 alien ·············· 68
016 '준비하다'라는 의미로 쓰는 prepare ·············· 71
017 '컨디션이 안 좋다'라고 할 때 쓰는 condition ·············· 74
018 '밥 먹을래?'라고 할 때 쓰는 eat ·············· 77
019 '머리가 아프다'라고 할 때 쓰는 sick ·············· 80
020 '혼자 공부했다'라고 할 때 쓰는 alone ·············· 83
⭐ 퀴즈 ·············· 86
➖ 올리버쌤의 영어공부팁 ❷ ·············· 88

Lesson 3 이것도 영어로 말할 수 있나요? ❶

021 나 끝내주는 '맛집' 알아 ·············· 92
022 난 '모태솔로'야 ·············· 95
023 그 귀신 장면 때문에 '닭살 돋았어' ·············· 98
024 지금 전화'하려고 했어' ·············· 101
025 외국인'치고' 젓가락질 잘하네 ·············· 104
026 나가는 '김에' 빵 좀 사다 줄래? ·············· 107
027 '변태' 같은 녀석 ·············· 110
028 '에라 모르겠다' ·············· 113
029 그래서 뭐 '어쩌라고' ·············· 116
030 '터지고 싶나?' ·············· 119
⭐ 퀴즈 ·············· 122
➖ 올리버쌤의 영어공부팁 ❸ ·············· 124

Lesson 4 이것도 영어로 말할 수 있나요? ❷

031 '혹시' 그 사람 전화번호 아세요? ·· 128
032 '그냥' 가기 싫었어 ··· 131
033 '그런 게 어딨어요' ·· 134
034 너 진짜 '재수없다' ·· 137
035 오늘 '쫙 빼입었네' ·· 140
036 이거 '몸에 좋은 거야' ··· 143
037 내가 니 '시다바리'가 ··· 146
038 나 살 빠진 거 '티 나?' ·· 149
039 '내 마음이야' ··· 152
040 '녹초가 됐어' ··· 155
⭐ 퀴즈 ··· 158
올리버쌤의 영어공부팁 ❹ ··· 160

Lesson 5 미국 문화로 한 발 더 들어가는 표현들

041 영어에는 '잘 먹겠습니다'라는 말이 없다 ························· 164
042 '더치페이'라고 하면 못 알아듣는다 ································· 167
043 힘을 북돋아주는 표현, '파이팅'이 아니다 ······················ 170
044 '외국인 친구'를 살갑게 표현하는 방법 ···························· 173
045 미국에도 바바리맨이 있다 ·· 176
046 guns, '총'이라는 뜻이 아니다 ··· 179
047 미국인이 자꾸 염소 소리를 내는 이유 ···························· 182
048 미국인이 귀여운 거 봤을 때 내는 이상한 소리 ··············· 185
049 '개'로 표현하는 한국어와 영어의 차이 ···························· 188
050 발음만 비슷한 순화된 욕 표현법 ······································ 191
⭐ 퀴즈 ··· 194
올리버쌤의 영어공부팁 ❺ ··· 196

Lesson 6 미국인을 당황하게 만드는 표현들

051 놀라거나 감탄할 때 쓰는 Oh my god ················· 200

052 '너무 힘들다'라는 의미로 쓰는 I'm hard ················· 203

053 '강아지 좋아해?'라고 물을 때 쓰는 Do you like dog? ········· 206

054 가볍게 '보고 싶어'라는 의미로 쓰는 I miss you ········· 209

055 '새로운 사람'이라는 의미로 쓰는 new face ················· 212

056 남자가 팬티를 입는다고 할 때 ················· 215

057 당황한 미국인을 진정시킬 때 쓰는 '워~ 워~' ················· 218

058 인사말로 편하게 쓰는 '수고하세요' ················· 221

059 친구에게 호감을 표시할 때 쓰는 '친하게 지내고 싶어' ········· 224

060 너무 바빠서 여유가 없을 때 쓰는 '정신없다' ················· 227

⭐ 퀴즈 ················· 230

⬤ 올리버쌤의 영어공부팁 ❻ ················· 232

Lesson 7 관계를 부드럽게 만들어주는 표현들

061 I don't like it보다 상냥한 표현 ················· 236

062 You're wrong보다 따뜻한 표현 ················· 239

063 Why did you come to Korea?보다 친절한 표현 ········· 242

064 What? 잘못 쓰면 무례한 인상을 준다 ················· 245

065 No! 라고 거절하면 상처받는다 ················· 248

066 아픔에 공감할 때도 I'm sorry ················· 251

067 친구가 나를 부를 땐 Why 대신 What ················· 254

068 예의를 갖춰 말하고 싶을 때 유용한 표현 ················· 257

069 미국식으로 통화를 마무리하는 표현 ················· 260

070 길 가다 부딪쳤을 때 쓰는 사과 표현 ················· 263

⭐ 퀴즈 ················· 266

⬤ 올리버쌤의 영어공부팁 ❼ ················· 268

Lesson 8 늘 쓰는 뻔한 말을 대신할 표현들

071 I love you보다 진한 사랑 표현법 ············· 272

072 Good night보다 달콤한 잠자리 인사법 ············· 275

073 Thank you 이상의 진심을 전하는 감사 인사법 ············· 278

074 You're welcome보다 훈훈한 대답들 ············· 281

075 I don't know를 대체할 다양한 표현 ············· 284

076 Shut up 강도별로 말하는 법 ············· 287

077 I'm angry보다 효과적인 화 표현법 ············· 290

078 No보다 강한 거절 표현 ············· 293

079 pretty보다 더 예쁘다고 말하는 법 ············· 296

080 ugly보다 못생김을 강조하는 재미있는 표현 ············· 299

⭐ 퀴즈 ············· 302

올리버쌤의 영어공부팁 ❽ ············· 304

Lesson 9 교과서가 못 알려주는 재밌는 표현들

081 아재 개그를 받아치는 재밌는 표현 ············· 308

082 문법에 어긋나지만 흔히 쓰는 ain't 사용법 ············· 311

083 친구와의 대화가 더 즐거워지는 음주 영어 ············· 314

084 잔소리에 재치 있게 대처하는 법 ············· 317

085 좋아하는 사람 마음 슬쩍 알아보는 법 ············· 320

086 외국인이 흔하게 쓰는 헌팅 표현 ············· 323

087 외국인의 헌팅을 거절하는 방법 ············· 326

088 물건 살 때 호갱님 안 되는 표현 ············· 329

089 적극적인 판촉 행위를 강하게 거절하는 방법 ············· 332

090 시비 거는 사람에게 대꾸하는 법 ············· 335

⭐ 퀴즈 ············· 338

올리버쌤의 영어공부팁 ❾ ············· 340

Lesson 10 사회생활에 유용한 표현들

091 '회사 다닌다' 영어로 말하면 어색한 이유 ⋯⋯⋯⋯⋯⋯ 344

092 영어 면접에서 바로 합격하는 유용한 표현 ⋯⋯⋯⋯⋯ 347

093 영어 면접에서 예상치 못한 질문에 대처하는 방법 ⋯⋯ 351

094 '아이디어 있어요?' 잘못 말하면 큰일난다 ⋯⋯⋯⋯⋯ 354

095 알바할 때 외국인 손님이 들어오면? ⋯⋯⋯⋯⋯⋯⋯ 357

096 '취준생'을 job seeker라고 하면 어색한 이유 ⋯⋯⋯ 361

097 Sit down, please 전혀 공손한 표현이 아니다 ⋯⋯⋯ 364

098 번역기도 잘못 알려주는 '네 스케줄에 맞출게' ⋯⋯⋯ 367

099 '잘 부탁드려요' 영어로 말하지 마라?! ⋯⋯⋯⋯⋯⋯ 370

100 미국인에게 메일 보낼 때 이 문장은 이제 그만?! ⋯⋯ 373

⭐ 퀴즈 ⋯⋯⋯⋯⋯⋯⋯⋯⋯⋯⋯⋯⋯⋯⋯⋯⋯⋯⋯ 376

올리버쌤의 영어공부팁 ⑩ ⋯⋯⋯⋯⋯⋯⋯⋯⋯⋯⋯ 378

Lesson 1

한국인이
가장 많이
틀리는 표현들

001 '~해야 한다'는 의미로 쓰는 should

A   Wow! This is so high.

와, 정말 높다!

K   You should use that bungee cord.

▶ **의도:** 번지점프 줄 반드시 해야 해요.

A   Okay, thanks.

네, 감사합니다.

K   헉! 줄 없이 뛰어버렸어!

한국 학교에서 should를 배울 때 보통 have to, must와 함께 배워요. 그래서 모두 should는 명령 혹은 의무의 뜻을 가지며 정도에 차이가 있다고 이해하죠. 그 때문인지 많은 한국 사람들이 should를 '해야 한다'는 뜻으로 알고 있는 경우가 많은 것 같아요. 하지만 should는 '해야 한다'는 의무의 뜻보다 recommend나 suggest 처럼 '하는 게 좋아요'와 같은 추천의 의미로 해석하는 것이 더 정확해요. 예문으로 뉘앙스 차이를 구분해볼까요?

- **You should use a bungee cord.**

  번지점프 줄 하는 게 좋아요.

- **You must use a bungee cord.**

  번지점프 줄 반드시 해야 해요.

- **You should wear a spacesuit in space.**

  우주에서는 우주복을 입는 게 좋아요.

- **You must wear a spacesuit in space.**

  우주에서는 우주복을 꼭 입어야 해요.

- **You should run from the zombies.**

  좀비 오니까 도망가는 게 좋을 거야.

- **You must run from the zombies.**

  좀비 오니까 도망쳐야 해.

- **You should pay me my salary.**

  제 월급 주시면 좋을 것 같아요.

- **You must pay me my salary.**

  제 월급 꼭 주세요.

★ must는 have to로 대체 가능합니다.

YouTube TALK

> **구독자 코멘트**
> **학교 영어 교과서에선 왜 이런 내용을 안 다뤄주는 걸 까요?** 😩😵
> 👍 👎

 제가 한국 학교에서 학생들을 가르칠 때, 지구의 날을 맞아 수업 준비했던 날이 문득 기억나네요. 교과서를 펼쳤는데 '지구를 살리자'는 의미로 We should save the earth라고 쓴 문장이 있었어요. 어떤 의도로 그 문장이 탄생했는지 짐작됐지만, 저에게는 '지구 지키면 좋죠'와 같이 아주 가벼운 느낌으로 들렸어요. 왜냐면 should는 다른 선택지가 있는 suggestion(제안)에 가까우니까요. 아마 제가 그 교과서를 쓰는 데 참여할 수 있었다면 이렇게 했을 것 같아요.

- We must save the earth.
  지구는 꼭 지켜야 해요.

- Let's save the earth.
  우리 함께 지구를 지켜요.

지구를 지키는 것은 다른 선택지가 있는 게 아니고, let's라는 표현을 쓰면 행동을 요구하는 의미가 커지기 때문이에요.

002 '대부분의~'라는 의미로 쓰는 almost

K Almost Koreans like spicy food.

> **의도:** 대부분의 한국인은 매운 거 좋아해요.

A Almost Koreans?

거의 한국인?

K Yes, almost Koreans.

> **의도:** 네, 대부분의 한국인요!

A You mean most Koreans?

한국인 대부분이란 의미로 말씀한 건가요?

K 잉? 내가 뭘 틀린 거야?

한국 학생들과 대화할 때 가장 많이 듣는 문법적 오류 중 하나예요. 한국 문화나 다른 나라의 문화를 설명하면서 '대부분의 한국사람'을 말할 때 almost Korean이라고 하는 경우가 많더라고요. 사실 almost는 '대부분'이라는 뜻이 아니라 '거의'라는 뜻입니다. 그래서 almost Koreans, almost Americans라고 하면 '거의 한국인' '거의 미국인'으로 들려서 어색해지는 것입니다. almost 뒤에 all만 추가해보세요. 그리고 '대부분'을 말할 수 있는 다른 방법들도 함께 배워봅시다!

● **Almost all Koreans like kimchi.**

거의 모든 한국인은 김치를 좋아해.

● **Almost all Americans like pizza.**

거의 모든 미국인은 피자를 좋아해.

★ almost 뒤에 all을 추가해보세요.

● **Most Koreans like kimchi.**

대부분의 한국인은 김치를 좋아해.

● **Most Americans like pizza.**

대부분의 미국인은 피자를 좋아해.

★ 그냥 most만 쓸 수 있어요.

● **The majority of Koreans like kimchi.**

대다수의 한국인은 김치를 좋아해.

● **The majority of Americans like pizza.**

대다수의 미국인은 피자를 좋아해.

★ the majority of는 좀 더 유식한 표현이에요.

▶ YouTube TALK

> **구독자 코멘트**
> **이거 문법 시험에 항상 나오는 문제예요!** 😲 😊 💕
> 👍 👎

올리버쌤 한국인이 많이 하는 실수라는 걸 시험 출제자도 잘 아나 봐요. 그래서 말하기 시험이나 각종 영어 시험에 단골 문제로 almost가 나온다고 합니다. 😊 문법적인 설명을 좀 더 드리자면 Most Koreans like kimchi에서 most는 한정사입니다. 한정사는 명사를 수식하는 말로서 the, some, every, my 등등이 있지요.

사실 여러분 모두 문법적으로는 잘 이해하면서도 말하기가 익숙하지 않아서 실수하는 거겠죠? 최대한 여러 문장을 접해보면서 익숙해지길 바랄게요. 입에 익을 때까지 따라 읽어보는 것이 가장 중요합니다!

방향 지시대명사 앞에 쓰는 to

A **Where do you want to go?**

어디로 가고 싶어?

K **I want to walk to there.**

▶ **의도:** 저쪽으로 걸어가고 싶어.

A **⋯Walk to there? Where?**

⋯ 걸어서 뭐? 어디로?

K **To there!!**

▶ **의도:** 저기로!

★ 어디 간다고 말할 때 영어로 어떻게 말하죠? 장소 앞에 to를 붙이죠? I went to the park. Let's go to school. 이렇게요. 하지만 이 규칙이 항상 맞지는 않아요. 여기, 저기, 위, 아래와 같이 방향을 가리키는 말 앞에 to를 붙이면 굉장히 어색해지거든요. 문법적으로 설명을 드리자면 한국어로 '여기'는 지시대명사예요. 하지만 영어로 here는 부사(adverb of location)입니다. 부사는 형용사나 동사를 꾸며주는 역할로, 장소가 될 수 없어요. loudly(시끄럽게), quickly(빠르게)와 같이요. 그래서 to를 빼고 말해야 하는 것이죠.

● **go to downtown**
(X)

➡ **go downtown**
시내에 가다.

● **go to upstairs**
(X)

➡ **go upstairs**
위층에 가다.

● **go to downstairs**
(X)

➡ **go downstairs**
아래층에 가다.

● **go to abroad**
(X)

➡ **go abroad**
해외에 가다

● **go to there**
(X)

➡ **go there**
그곳에 가다.

● **go to somewhere**
(X)

➡ **go somewhere**
어디에 가다.

● **go to anywhere**
(X)

➡ **go anywhere**
어디든 가다.

▶ YouTube TALK

구독자 코멘트

아, 이제야 알겠네요. 스피치 시험 때 감점 원인이 to라
고만 적혀 있어서 몰랐었는데. 감사합니다! 🙏

👍 👎

[올리버쌤] 도움이 되어서 기쁘네요.😊 😊 좀 더 설명해드리자면 here,
there, home, abroad와 같은 부사에 이미 '~으로'의 의미가 들어 있다
고 생각하면 이해하기가 쉬울 것 같아요. 이미 방향을 가리키고 있기 때
문에 to를 붙이지 않아도 되는 것이죠. 많은 분들이 영어 말하기 시험을
볼 때 이 부분에서 감점을 많이 받는다고 합니다. 여러분도 이 부분을 신
경 쓰면 작은 감점을 피할 수 있을 것 같네요.

004 만족한다는 의미로 쓰는 '잘' well

K I ate my meal well!

▶ **의도:** 아, 밥 잘 먹었다.

A Pardon?

뭐라고?

K I mean it was so good!
I ate it very well!

▶ **의도:** 내 말은 맛있었다고. 아주 잘 먹었다고.

A What do you mean by that?

그게 무슨 말인데?

K 아, 답답해! 잘 먹었다는 말도 이해를 못 하냐?!

'잘'을 영어 사전에서 찾아보면 well이 나오죠? 하지만 '잘'이 영어로 well이라는 것은 반은 맞고 반은 틀린 말이에요. 한국어 '잘'은 '수학 문제를 잘 푼다' '수영을 잘한다'처럼 기능이나 능력을 표현할 때와 '커피를 잘 마셨다' '밥을 잘 먹었다'처럼 만족을 표현할 때도 사용할 수 있잖아요. 그와 다르게 영어에서 well은 오로지 기능이나 능력에 대해서만 사용할 수 있습니다. 그래서 I ate well, I watched the movie well처럼 표현하면 아주 어색해지는 것이죠. 여기서는 well을 기능이 아니라 만족감을 표현하기 위해 썼으니까요. 이런 경우엔 well 대신 enjoy를 쓰면 훨씬 자연스럽답니다.

- **I ate well.**
  (X)
➡ **I enjoyed the meal.**
  잘 먹었습니다.

- **I watched the movie well.**
  (X)
➡ **I enjoyed the movie.**
  영화 잘 봤어요.

- **I drank the coffee well.**
  (X)
➡ **I enjoyed the coffee.**
  커피 잘 마셨어요.

- **Did you go on a trip well?**
  (X)
➡ **Did you enjoy the trip?**
  여행 잘 다녀왔니?

 **YouTube TALK**

 구독자 코멘트
그럼 well은 어떻게 쓰는 건가요?

👍 👎

 [올리버쌤] well을 사용하는 적절한 예를 예문으로 소개해볼게요.

- **Did you sleep well?**
  어젯밤에 잘 잤니?

  ★ 자는 기능에 대해 물어보는 거예요.

- **It didn't go well.**
  그거 잘 안됐어.

  ★ 기능적으로 문제가 생겨서 잘 안됐다는 의미예요.

- **How did you learn to speak English so well?**
  어떻게 영어를 잘하게 됐어?

  ★ 영어 말하기 기능에 대한 질문이에요.

- **He's not eating well these days.**
  그 친구 요즘 잘 못 먹고 있어.

  ★ 아파서 먹는 기능에 문제가 생겼다는 의미예요.

005 '~후에'라는 의미로 쓰는 after

K I'm going on a trip to Alaska!

나 알래스카로 여행 간다!

A Really? That's cool! When?

와! 좋겠다! 언제?

K After 2 weeks!

▶ **의도:** 2주 뒤에!

A After··· 2 weeks?

★ 시간을 표현할 때 많이 하는 실수입니다. '~뒤에' 혹은 '~후에'를 말할 때 당연히 after를 쓰는 경우가 많아요. 영어를 꽤 잘하는 분들도 이 부분에서 틀리는 경우가 많더라고요. 자연스럽게 말하려면 in을 사용하는 것이 좋아요. in을 듣고 '~안에'라고 생각하는 분도 있는데, 그건 오해예요. 예를 들어서 in 2 weeks는 정확히 2주 후를 말합니다. 그리고 within 2 weeks가 바로 2주 안을 말합니다. 좀 헷갈리지만 잘 알아두는 게 좋겠죠? 오늘부터 정확하게 말해보세요.

- **The train will be here in 2 hours.**

  그 기차 2시간 뒤에 올 거야.

- **The package will be there in 2 days.**

  그 소포 이틀 뒤에 도착할 거예요.

- **I'm going on a trip in 2 weeks.**

  나 2주 뒤에 여행 가.

- **He'll move out of his apartment in 2 months.**

  그 친구 두 달 뒤에 이사 간대.

- **We're leaving in 10 minutes.**

  우리 10분 뒤에 출발해.

- **I'll call you in an hour.**

  내가 1시간 뒤에 전화할게.

YouTube TALK

 좋은 질문입니다. in이 딱 '시점'를 말한다면 after는 '시점 이후의 시간'으로 이해해보세요. 지금 정각인데 in an hour라고 하면 딱 1시간 뒤를 말하는 것이고, after an hour라고 하면 1시간 뒤의 시간을 통틀어 말하는 것이죠. 예를 들어서 여러분이 아파서 병원에 전화를 걸었어요. 그런데 점심시간이라서 간호사가 이렇게 말했어요.

- Doctor Kim is on his lunch break right now. Call back after one.
  의사 선생님은 점심시간으로 자리를 비우셨어요. 1시 이후에 전화해주세요.

아래 제가 스케치를 해봤는데 도움이 되기를 바랄게요.😊

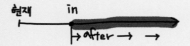

006 '재미있다'는 의미로 쓰는 interesting

K   The waterslide was interesting!
▶ **의도:** 물 미끄럼틀 너무 재밌었어!

A   Interesting? How so?
그게 무슨 소리야? 무슨 일 있었어?

K   무슨 일이냐니? 그냥 재밌었다니까.

많은 분들이 재미있다고 말할 때 interesting과 fun을 혼동해서 사용하는 경우가 많아요. 하지만 interesting을 문자 그대로 '재미있다'는 의미로 이해하면 살짝 부족해요. interesting은 '음… 내 호기심을 자극하는군' '깊게 생각하게 만드네… 흥미롭네' 이런 의미에 가깝거든요. 따라서 호기심을 자극해서 더 알고 싶고 배우고 싶은 것에 쓰는 것이 적절합니다. 영어에서는 fun과 interesting의 개념이 뚜렷이 구별되는데, 한국말로는 둘 다 '재미있다'라고 할 수 있다 보니 이런 혼동이 생기는 것 같아요. 만약 호기심을 자극하지 않는 재미라면 그냥 fun을 사용하세요.

● **Haeundae was fun!**

해운대 재미있었어!

● **The picnic was fun!**

소풍이 재미있었어!

● **The rollercoaster was fun!**

롤러코스터 너무 재밌었어!

● **Last weekend was fun!**

지난 주말 재미있었어!

● **It was fun hanging out with you.**

너랑 노는 거 재미있었어!

● **That sounds like fun.**

그거 재밌겠네.

★ 누가 재미있는 계획을 얘기할 때 대답할 수 있는 표현이에요.

YouTube TALK

구독자 코멘트

영국식 영어에서는 영혼 없이 반응하거나 살짝 비꼴 때
도 interesting을 쓰더라고요.

올리버쌤 미국식 영어에서도 그런 뉘앙스로 쓸 수 있어요. 상황이나
억양에 따라서는 '이상하네' '황당하네'라는 의미로 사용할 수도 있습니
다. 예를 들어 채식주의자인 줄 알았던 친구가 바비큐 파티에 온다는 소
식을 들었을 때 이렇게 반응할 수도 있죠.

- Well, that's interesting. I thought he was a vegetarian.
  음, 이상하네. 걔 채식주의자인 줄 알았는데.

interesting을 상황에 따라 다양하게 해석할 수 있다고 생각하면 좀 더
유연하게 사용할 수 있을 거예요.

007 '~하면'이라는 의미로 쓰는 if

K I'm about to get on the plane!

나 이제 비행기 탈 거야.

A Oh, okay!

아! 그래!

K If I arrive, I'll call you! Okay?

▶ **의도:** 도착하면 전화할게! 알았지?

A …If? What do you mean 'if'?

뭐? if라니 무슨 소리야?

★ '집에 가면 전화할게' '도착하면 연락할게'와 같은 표현을 영어로 어떻게 할 수 있을까요? '~하면'이라는 표현 때문인지 많은 분들이 영어로 번역할 때 if를 사용하더라고요. 하지만 if를 사용하면 조건이 발생해서 '못 할 수도 있다'는 뉘앙스가 생겨버려요. 그래서 원어민은 I'll call you if I get home이라고 하면 '집에 도착 못 할 수도 있겠지만, 만약 도착한다면 전화할게'라는 뜻으로 이해하게 되는 거죠. 앞으로는 if 대신 when을 사용해보세요. 의미에 큰 차이가 생긴답니다.

● **I'll call you when I get home.**

집에 도착하면 전화할게.

● **I'll text you when I get there.**

도착하면 문자할게.

● **Call me in the morning when you wake up.**

내일 아침에 일어나면 전화해.

● **I'll get you a present when you have your birthday.**

네 생일 되면 선물 사줄게.

● **Call me back when you're done crying.**

너 다 울고 나면 전화해.

● **Text me when you're ready.**

준비 다 되면 문자해.

YouTube TALK

구독자 코멘트

그런데 앞일은 아무도 모르는 거니까, 써도 되지 않을까요?

👍 👎

 〔올리버쌤〕 아이고! 이 코멘트를 읽으니까 저의 재미있는 에피소드 하나가 생각나네요. 열다섯 살 때 한국에 오기 직전에 한국에 있는 친구에게 출발을 알리는 전화를 했어요. 그런데 전화를 끊으면서 그 한국인 친구가 Call me if your plane lands라고 하지 뭐예요? 물론 비행기 착륙하면 전화하라는 의미로 한 말이었겠지만, 저에게는 '네 비행기가 혹시 추락 안 하게 되면 연락해줘' 이렇게 들렸어요. 😞 원래 비행기에 겁이 없는 저였지만, 그 말 때문인지 비행기를 타는 동안 내내 겁에 질린 채 땀이 뻘뻘 났어요. 이륙할 때쯤에는 이미 땀에 흠뻑 젖어서 불쌍한 생쥐 꼴이 되었죠. 여러분의 친구를 저처럼 만들고 싶지 않다면, if 표현을 피하는 게 어떨까요? 편안한 여행을 즐길 수 있게요!

008 '만나서 반갑다'는 의미로 쓰는 Nice to meet you

K Hey, James.
안녕, 제임스.

A Hey, Minsu. Long time no see.
안녕, 민수. 오랜만이다.

K Nice to meet you.
▶ **의도:** 야, 진짜 반갑다.

A ···? We met last month··· Don't you remember?
우리 지난달에 만났잖아. 기억 안 나?

 꽤 많은 분들이 오랜만에 만난 친구에게 반갑다고 말할 때 Nice to meet you라고 하시더라고요. 아마 Nice to meet you 표현을 배웠을 때 '반갑습니다'로 외우다 보니 이런 일이 생기는 것 같아요. 하지만 이 표현의 정확한 해석은 '처음 뵙겠습니다'입니다. 즉, 처음 만난 경우에만 자연스럽게 쓸 수 있는 표현이에요. 여러 번 만난 지인에게 이렇게 인사하면 당연히 크게 당황하겠죠? 오랜만에 만난 친구나 구면인 사람에게는 이렇게 인사해봅시다.

● **It's nice to meet you again.**

또 뵙게 돼서 반갑습니다.

★ 두세 번 만난 사람에게 쓰는 게 적절해요.

● **Good to see you again.**

다시 봐서 반갑네.

★ 오랜만에 만난 친구에게 격식 없이 쓸 수 있어요.

● **It was good seeing you.**

오늘 만나서 반가웠어.

★ 헤어질 때 쓰기 좋아요.

● **It was nice to see you again.**

다시 봐서 반가웠어.

★ 이 표현도 헤어질 때 쓰기 좋아요.

● **It was really nice catching up with you.**

오랜만에 봐서 좋았어.

★ 오랜만에 만난 친구와 헤어질 때 쓰기 좋아요.

● **Let's do this again sometime soon.**

다음에 또 만나서 놀자.

★ 헤어짐의 아쉬움을 담은 표현이에요.

▶ YouTube TALK

구독자 코멘트

It's been a long time이나 Long time no see는 써
도 되나요?

👍 👎

 올리버쌤 친구를 오랜만에 만나는 상황에서 이 표현들도 반가운 인사
로 사용할 수 있어요. 사실 Long time no see 표현은 문법적으로 틀렸
지만 많은 원어민들이 크게 의식하지 않고 쓴답니다. 왜 틀린 문법으로
인사하냐고요? 여러 추측이 있긴 한데, 옛날에 영어 원어민들과 영어를
잘 모르는 무역인들이 교역을 자주 하면서 생겼다는 추측이 가장 신빙성
있게 들려요. 아마 틀린 문법이라도 자주 사용되다 보니까 자연스럽게
영어에 흡수가 된 것 같아요.

009 '기분이 안 좋다'는 의미로 쓰는 I don't feel good

A Hey! I'm about to go to the park. Do you want to come along?

야! 나 공원 갈 거야. 너도 갈래?

K I don't feel good.

▶ **의도:** 오늘은 기분이 좀 안 좋아.

A What's wrong? I've got some painkillers in my bag. Do you want one?

왜 그래? 나 진통제 있는데. 좀 줄까?

K 뭐야! 기분 안 좋다는데, 왜 환자 취급해?!

 많은 분들이 '기분이 안 좋다'는 말을 I don't feel good이라고 표현하는 것 같아요. 하지만 이 표현은 '기분이 안 좋다'는 것이 아니라 '아프다'는 뜻입니다. 아마 feel을 주로 기분이라고 이해하다 보니 이런 오류가 생기나 봐요. 제 한국인 친구 중에서도 이런 표현을 즐겨 쓰는 녀석이 있었는데, 저는 당연히 아프다는 뜻으로 알아듣고 걱정돼서 이것저것 신경 써주었어요. 며칠 지나서야 오해였다는 것을 알게 되었지만요. 여러분의 착한 친구에게 괜한 걱정을 끼치고 싶지 않다면 기분을 말할 때 mood 단어를 중심으로 말해보세요.

● **I'm not** in a good mood.

저 기분이 좀 안 좋아요.

● **She's** in a bad mood.

그 친구 기분 안 좋아요.

● **Why are you** in such a bad mood **today?**

오늘 너 왜 이렇게 기분 안 좋아?

● **I'm** in a bad mood **because we lost the game.**

게임에 져서 기분이 안 좋아.

● **I had an argument with my girlfriend so she's** in a bad mood.

우리 좀 다퉈서 여자친구 기분이 안 좋아.

● **My boss is** in a terrible mood **today.**

오늘 사장님 기분이 최악인가 봐.

★ 기분이 아주 안 좋으면 terrible도 사용 가능해요.

YouTube TALK

> **구독자 코멘트**
> **I feel bad도 몸이 안 좋다는 뜻인가요?**
> 👍 👎

올리버쌤 보통 I feel bad라고 하면 기분이 안 좋다는 말이에요. 특히 기분이 왜 나쁜지 설명할 때 I feel bad 뒤에 about 붙여서 이유를 표현할 수 있어요. 예를 들어서 이렇게 말하는 거죠.

- I feel bad about what happened today.
  오늘 일어난 일 때문에 기분 안 좋아요.

그 외에 이렇게도 말할 수 있어요.

- What you said to me made me feel really bad.
  네가 한 말 때문에 상처받았어.

010 '나쁘다'는 의미로 쓰는 bad

A Hey. Can you help me with my Korean homework?

야, 내 한국어 숙제 좀 도와줄래?

Please. I need your help really bad.

제발. 네 도움이 정말정말 필요해.

K Really bad?

내가 나쁘다고? 됐어! 안 도와줄래!

bad가 무슨 뜻이죠? 맞아요! '나쁘다'는 뜻입니다. 그런데 그렇게만 알고 있으면 영어 원어민의 말을 오해하게 될 수도 있어요. 상황에 따라서 '매우매우'라는 뜻으로 해석할 수도 있거든요. 즉, I want you so bad는 '너를 나쁘게 원한다'가 아니라 '너를 매우매우 원한다'로 해석해야 자연스럽습니다. 주로 표현을 강조할 때 많이 써요. 사실 속어라서 교과서에 나오진 않지만, 미국인들이 정말 많이 사용하는 표현입니다. 이 표현을 제대로 알고 나면 앞으로 영화 속 대사나 팝송 가사를 더 정확하게 해석할 수 있을 거예요.

● **I need you** so bad.

네가 너무 필요해.

★ 너를 나쁘게 필요해. X

● **I miss you** so bad.

네가 너무 보고 싶어.

★ 널 나쁘게 보고 싶어. X

● **I need your help** so bad.

네 도움이 너무 필요해.

★ 네 나쁜 도움이 필요해. X

● **I want to buy that motorcycle** so bad.

그 오토바이 너무 갖고 싶다.

★ 나쁜 오토바이를 갖고 싶다. X

● **I need to poop** so bad.

저 응가 아주 급해요.

★ 나쁜 똥을 싸고 싶다. X

● **I want donuts** so bad.

도넛 너무 먹고 싶어.

★ 나쁜 도넛이 먹고 싶다. X

YouTube TALK

구독자 코멘트

bad와 badly는 어떻게 다른가요? I need you so badly라고 써도 될까요?

👍 👎

> **올리버쌤** 네, 됩니다. I need you so badly라고 해도 100% 이해할 거예요. 사실 엄밀히 따지고 든다면 문법적으로 badly를 쓰는 것이 맞긴 하거든요. 하지만 여러분이 한국말을 할 때 문법을 정확히 따져 말하지 않는 것처럼, 미국인들도 문법을 무시하고 말할 때가 많아요. 그래서 팝 송 가사나 일상생활에서 badly보다 bad를 더 흔하게 들을 수 있어요. 실 제로는 둘 다 잘 이해하니까 참고해서 사용하면 되겠죠? 😊

001 번지점프 줄 반드시 해야 해요.

002 거의 모든 한국인이 김치를 좋아해요.

003 해외에 가다.

004 잘 먹었습니다.

005 그 소포 이틀 뒤에 도착할 거예요.

006 롤러코스터 너무 재밌었어!

007 집에 도착하면 전화할게.

008 오늘 만나서 반가웠어.

009 저 기분이 좀 안 좋아요.

010 네가 너무 필요해.

You ___ (have to) use a bungee cord.

Almost ___ Koreans like kimchi.

go ___

I ___ the meal.

The package will be there ___ 2 days.

The rollercoaster was ___ !

I'll call you ___ I get home.

It was good ___ you.

I'm not in a good ___ .

I need you so ___ .

유튜브 채널 구독자들이

가장 많이 하는 질문에 대한

올리버쌤의 답변

Q_____
저는 언제 원어민처럼 유창해질 수 있을까요?

A_____

여러분은 영어를 어떻게 잘하고 싶어요? 원어민처럼 유창하게 하고 싶어요? 영어를 가르치면서 많은 학생들과 학부모님들을 만나봤는데 대부분이 '영어를 유창하게 하고 싶은 것이 목표'라고 말해요. 혹시 여러분도 그런가요?

사실 저도 미국에서 한국어를 처음 접하고 공부하게 됐을 때 '한국말을 유창하게 하기'를 목표로 잡았어요. 한국 영화를 많이 보면서 저도 한국 배우들처럼 멋있게 한국말을 하고 싶더라고요. 물론 '나도 언젠가는 할 수 있겠지'라는 희망을 주는 목표이긴 했어요. 하지만 참 막연하고 무식한 목표였어요. 결국 남은 것은 스스로에 대한 실망감뿐이었거든요.

좋은 목표였는데 왜 실패했을까요? 왜냐하면 그것은 '어떻게 성취할 것인가?'에 대한 고민이 빠진 잘못된 목표였기 때문이에요. 언어를 배우는 것은 사다리를 밟고 하나씩 올라가는 것과 비슷해요. 가장 아래를 밟고, 그다음을 밟고, 차근차근 위로 올라가야 해요. 욕심 같아서는 바로 꼭대기로 점프해서 한 번에 올라가고 싶겠지만 불가능합니다. 그런 방법은 없을뿐더러 만약 가능할지라도 재미가 없을 거예요. 배우는 과정에서 느끼는 보석 같은 성취감과 짜릿함을 느끼지 못할 테니까요.

따라서 '유창하게'는 머릿속에서 잠시 지워두세요. 그리고 더 낮고 뚜렷한 목표를 만들어보세요. 사다리 꼭대기가 아닌 바로 앞의 한 단을 밟는 개념으로요. 제가 한국에 처음 와서 세웠던 목표는 '혼자 짜장면 주문하기'였어요. 짜장면이 너무 먹고 싶은데 주문하는 방법을 모르겠더라고요. 한국인 친구에게 배달을 부탁할 수도 있었겠지만, 언제까지나 계속 남에게 의지할 수는 없는 거잖아요. 열심히 '짜장면 하나 주세요' 문장을 외우고 전화를 걸었는데, 종업원이 간짜장인지, 해물 짜장인지, 일반 짜장인지 질문하지 뭐예요. 😨 깜짝 놀라서 전화를 끊었어요. 한 시간 뒤에 다시 용기 내서 전화를 걸었는데 이번에는 주소 때문에 실패했어요. 주소에 붙은 숫자를 한국어로 빨리빨리 읽기가 너무 어렵더라고요. 그렇게 혼자 씨름하다가 몇 시간 뒤에 겨우 배달에 성공하고 짜장면을 먹었는데, 그건 정말 말로 다 설명하지 못할 만큼 짜릿한 경험이었어요. 어려웠던 목표를 달성하고 보상(짜장면)을 얻었더니 자신감도 샘솟는 것 같았어요.

여러분도 '기본 인사는 확실하게 하고 싶어' '여행 영어를 꼭 배우고 싶어' '영어로 채팅이 가능했으면 좋겠어' 등등의 목표를 세워보면 어떨까요? 실력이 늘어서 목표를 달성하면 더 어려운 단계로 목표를 다시 설정해보세요. 그리고 그 목표를 자기 스스로와의 약속이라고 생각하세요. 중요한 계약서처럼 적어놓고 아침이나 밤마다 읽어서 목표를 잊지 않도록 하세요.

저는 요즘 한국어 발음 향상을 목표로 하고 있어요. 매일 아침마다 한국어 라디오를 들으면서 섀도잉을 하고 있답니다. 혹시 제 한국어 발음이 얼마나 좋아졌는지 알고 싶으시면 저의 첫 번째 유튜브 영상을 확인해보세요. 아주 어눌한 것을 알 수 있을 거예요. 지금도 완벽하진 않지만 제 발음이 꽤 좋아졌다는 것이 느껴지나요? 매일 매일 조금씩 낮은 목표를 통해 얻은 값진 결과랍니다. 😄

Lesson 2

한국인이
자주 쓰는
어색한 표현들

011 '바보야' 하고 가볍게 놀릴 때 쓰는 stupid

A Minsu! I think I left the movie tickets in the bathroom···.

민수야! 나 영화표 화장실에 두고 왔나 봐···.

K You're stupid!

아이고, 바보야!

A What? Did you call me stupid? Psh! I'm going home!

뭐? 내가 바보라고? 쳇! 집에 갈 거야!

K 뭐야? 딱히 심한 욕도 아닌데 왜 그러지?

 한국말로는 친구끼리 가볍게 '바보' '멍청이'라고 놀릴 수 있죠? 비속어이긴 하지만 아주 가벼워서 상대방이 화내지 않고 애교로 넘기는 경우가 많아요. 그런데 영어로도 똑같이 생각해서 You're stupid라고 하는 것은 다소 위험할 수 있습니다. 상대방이 아주 기분 나빠할 수 있거든요. stupid는 한국말 '바보'보다 느낌이 강해요. 아이큐를 따지면서 지능이 낮다고 하는 느낌이랄까요? 한때 한국에서 '스튜핏'이 유행어로 쓰여서 이 표현에 익숙해졌더라도 함부로 쓰지 않는 게 좋을 것 같아요.

● **You're so silly.**

이 바보야.

★ stupid보다 훨씬 가볍게 들려요.

● **That was silly.**

그거 바보 같네.

● **That was really silly of me.**

나 방금 참 바보 같았네.

● **That was really silly of me to say that.**

내가 참 바보 같은 말을 했구나.

★ 스스로를 자책할 때도 stupid보다 silly를 쓰는 게 더 좋겠죠?

● **Oh⋯ Billy⋯.**

아이고⋯ 빌리야.

★ 물론 다른 사람의 이름으로 응용 가능합니다.

▶ YouTube TALK

구독자 코멘트
dumb은 어떤 뉘앙스인가요?

👍 👎

올리버쌤 dumb은 stupid보다 더 가벼운 편입니다. 그래도 무엇보다 중요한 것은 말투예요. 말투에 따라 상대방이 다르게 해석할 수 있거든요. 한국말 욕도 눈빛이나 말투나 상황에 따라서 심한 욕으로 들리거나 가벼운 욕으로 들릴 수 있잖아요. 마찬가지죠, 뭐!
혹시 가볍게 말하려는 의도인데 상대방에게 강하게 들릴까 봐 걱정된다면, You're dumb! (넌 바보 같네!) 대신 That was dumb! (방금 한 짓은 바보 같았네!)라고 말해보세요. 상대방에게 직접적으로 '너 바보야'라고 하는 것이 아니라, 우회적으로 행동에 대해 지적하고 있으니까 확실히 좀 더 부드럽게 들립니다.

012 '~할 거야'라는 의미로 쓰는 will

K Hey. I will go to the bathroom.

▶ **의도:** 야, 나 화장실 좀 갔다 올게.

A Alright. Chill man! No one's stopping you!

진정해, 친구! 가고 싶으면 가라구!

K 잉? 반응이 왜 이렇게 심각해?

 will은 '~할 것이다'라는 뜻이죠? 특히 논문이나 업무적인 문서를 쓸 때 그렇게 사용할 수 있어요. 하지만 캐주얼한 대화에서는 느낌이 조금 달라질 수 있습니다. 말할 때 I will이라고 하면 다소 강한 의지를 표현하는 뉘앙스가 되거든요. 그래서 I will succeed. (나는 성공할 거야.) I will survive. (나는 살아남을 거야.) 이런 의지가 강한 문장에서 자주 볼 수 있어요. 강한 의지를 강조하는 것이 아니라 그냥 가볍게 '~할 거야'를 말하고 싶다면 줄여서 I'll이라고 하는 게 더 자연스럽답니다.

- **I will call you tomorrow.**

  내일 너에게 반드시 전화할 거야.

➡ **I'll call you tomorrow.**

  내일 전화할게.

- **I will be there in a minute.**

  금방 거기 도착하고 말 거야.

➡ **I'll be there in a minute.**

  금방 도착해.

- **We will watch a movie tonight.**

  오늘 밤 우리는 반드시 영화를 볼 거야.

➡ **We'll watch a movie tonight.**

  우리는 오늘 밤에 영화 볼 거야.

★ 발음 차이는 영상으로 확인해주세요!

YouTube TALK

> **구독자 코멘트**
> 그래서 영화 속 주인공이 나쁜 놈을 응징할 때 I will kill you라고 하는 거군요. 😊
> 👍 👎

 네! 맞아요. 예시가 정확하네요. 딸을 납치한 몹쓸 놈에게 I will kill you라고 말함으로써 좀 더 강한 의지를 표현한 거예요. will이 문장을 강조했기 때문에 '반드시 너를 죽이겠다'라고 들려요. 물론 kill 자체가 강한 말이지만, 줄여서 I'll kill you라고 했다면 살짝 덜 강하게 들렸을 거예요. 혹시 여러분의 의지를 표현하고 싶은 말이 있나요? 저는 요즘 매일 아침마다 달리기를 해요. 복근을 만들고 싶어서요. 제 의지를 담아 저는 오늘 이렇게 말하고 싶네요.

- I will have a six pack this year.
  올해는 반드시 식스팩을 만들고 말 거야.

013 '좋아요'라는 의미로 쓰는 I'm good

K Hey. Do you want a glass of wine?

야, 와인 한잔할래?

A Ah··· I'm good.

K Good? Okay! Here you go. Drink all you want.

좋다고? 그래! 여기 있어. 실컷 마셔.

A No, thank you. I have to drive.

괜찮다고, 운전해야 한단 말이야.

K 뭐야? 좋다며!

 I'm good이라는 표현을 미국인이 사용하는 걸 들어본 적 있나요? 이 표현을 어떻게 해석하면 좋을까요? 꽤 많은 분들이 '좋아요'라고 이해하는 것 같더라고요. 하지만 이 표현이 제안하는 상황에서 사용되면, 반대로 거절하는 표현으로 이해하셔야 합니다. 한국말로도 거절할 때 '아, 전 괜찮아요'라고 말하잖아요. 그것과 느낌이 비슷해요. 상대방이 거절했는데 거꾸로 좋아한다고 이해하면 큰 오해가 생길 수 있겠죠? 오해하기 쉬운 거절 표현들만 모아 소개해드릴게요.

● **I'm good.**

전 괜찮아요.

★ 전 좋아요. X

● **I'm alright.**

전 됐어요.

★ 내가 맞아요. X

● **I'm okay.**

괜찮아요.

★ 알았어요. X

● **I'm cool.**

난 괜찮아.

★ 난 쿨해. X

★ 이 말들 앞에 no를 추가해서 말할 수도 있습니다.
No, I'm good. 이렇게 말이죠. 그런데 어떤 사람들은
no 대신 nah라고 하기도 해요. 같은 뜻이지만
은어이기 때문에 아주 캐주얼하게 들린답니다.

▶ YouTube TALK

구독자 코멘트

외국인에게 Sorry라고 했더니 You good이라고 대답
하더라고요. 이건 대체 무슨 뜻이죠?

👍 👎

올리버쌤 원어민들이 하는 You good 표현에 어떤 의미가 숨어 있을
까요? 혹시 '너는 좋다!'라고 오해하셨나요? 물론 저는 여러분이 모두
좋다고 생각하지만 이런 상황에서는 다르게 해석하셔야 해요. 영어 원
어민에게 Oh sorry, Sorry about that 같은 말을 했는데 원어민이 You
good 혹은 You're good이라고 대답했다면 '아니, 미안할 게 없어, 너
괜찮아, 문제없어'라고 이해해보세요. 물론 여러분도 반대 상황에서 원
어민에게 이 표현을 사용해볼 수 있겠죠? 😆

014 '기대된다'는 의미로 쓰는 expect

A Hey. Let's go get some soju.

소주 마시러 가자.

K Ah, I'm expecting.

▶ **의도:** 와, 기대된다.

A I had no idea. Well, hey. Congratulations!

나 전혀 몰랐어. 아무튼 정말 축하해!

How many months are you?

몇 개월째야?

K 엥? 지금 무슨 소리 하는 거야?

많은 사람들이 기대한다고 말할 때 expect를 사용합니다. 하지만 expect에는 기대에 가득 차서 신나고 긍정적인 느낌이 들어 있지 않아요. 긍정도 부정도 아닌 중립적(?)으로 '예상한다'는 의미에 가깝다고 보시면 됩니다. 게다가 I'm expecting이라는 표현은 '나 임신했어'라는 뜻으로 해석돼요. 신나서 기대된다고 말했을 뿐인데 임산부로 오해받으면 안 되겠죠? 대신 앞으로 look forward to라는 표현을 써보세요.

● **I'm really** looking forward to **it.**

진짜 기대된다.

● **I** look forward to **meeting you.**

너 만나는 거 기대된다.

● **I'm** looking forward to **university life.**

캠퍼스 생활 너무 기대된다.

● **I'm** looking forward to **my blind date tomorrow.**

내일 소개팅이 기대돼.

★ blind date : 소개팅

● **I'm** looking forward to **tonight's game.**

오늘밤 경기 기대된다.

▶ YouTube TALK

구독자 코멘트

can't wait이라는 표현은 어떤가요?

👍 👎

 네, 그것도 됩니다. 그런데 look forward to보다 더 강한 느낌이 있어요. can't wait에는 너무 신난 나머지 기다릴 수 없을 정도라는 의미까지 들어 있거든요. 뭔가 더 들뜬 느낌이랄까요? 아주아주 신나는 기분을 표현하고 싶으면 can't wait를 사용해볼 수 있겠네요. 몇 가지 문장으로 추가 예시를 드릴게요.

- I can't wait to see you!
  너 보게 되는 거 너무 신나!

- I can't wait to go to the concert!
  콘서트 가는 거 너무 신나!

- I can't wait to try your cake!
  네 케이크 빨리 맛보고 싶다!

- I can't wait to get a new car!
  새 차 사는 거 너무 신나!

015 '외계인'이라는 의미로 쓰는 alien

K **Wow! Is this your ID?**

와! 이게 네 신분증이야?

A **Yes. It's mine.**

응. 내 거야.

K **It says alien. Are you an alien?**

여기 에일리언이라고 써 있어! 너 외계인이야?

A **Yeah. I guess you could call me that.**

맞아. 그렇게 부를 수도 있겠네.

K **헐! 진짜?!**

 ★ alien이라는 단어를 보면 많은 분들이 무조건 '외계인'을 떠올리더라고요. 하지만 '외국인' '이민자'라는 뜻도 있어요. 그래서 제가 한국에서 사용하는 외국인 등록증에도 alien registration card라고 쓰여 있답니다. 따라서 여러분이 잘 아는 팝송 Sting의 〈Englishman in New York〉에 나오는 'Oh, I'm an alien, I'm a legal alien'이라는 가사도 '난 합법적인 외계인이야'라고 해석하는 것보다는 '난 합법적인 이방인이야'라고 해석하는 것이 자연스러워요. 일상생활에서 자주 접할 수 있는 단어는 아니지만, 정확한 의미를 알고 나면 뉴스나 신문을 볼 때 큰 도움이 될 거예요.

● **I'm a legal alien here.**

나는 여기서 외국인이야.

● **Police arrested 10 illegal aliens.**

경찰이 불법 이민자 10명을 체포했어요.

● **Do you have your alien registration card?**

외국인 등록증 있으십니까?

● **It's hard for illegal aliens to get a job.**

불법 이민자들은 직업 구하기 힘들죠.

● **What do you think about illegal aliens?**

불법 이민자들에 대해서 어떻게 생각해?

● **It turns out that he was an illegal alien.**

알고 보니 그 사람 불법 이민자더라.

YouTube TALK

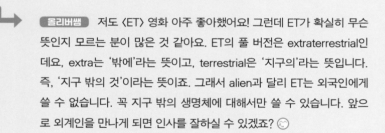

구독자 코멘트
그럼 ET는 뭐예요? 이것도 외국인한테 쓸 수 있어요?

👍 👎

올리버쌤 저도 〈ET〉 영화 아주 좋아했어요! 그런데 ET가 확실히 무슨 뜻인지 모르는 분이 많은 것 같아요. ET의 풀 버전은 extraterrestrial인 데요, extra는 '밖에'라는 뜻이고, terrestrial은 '지구의'라는 뜻입니다. 즉, '지구 밖의 것'이라는 뜻이죠. 그래서 alien과 달리 ET는 외국인에게 쓸 수 없습니다. 꼭 지구 밖의 생명체에 대해서만 쓸 수 있습니다. 앞으로 외계인을 만나게 되면 인사를 잘하실 수 있겠죠? ☺

• Hi. ET! Welcome to my planet! Can I ride in your UFO?
안녕. 외계인 친구! 우리 행성에 온 걸 환영해! UFO 타봐도 되겠니?

016 '준비하다'라는 의미로 쓰는 prepare

A Hey. Are you on the way?
야, 너 오는 중이야?

K Oops! I'm preparing right now!
▶ **의도:** 앗, 사실 아직 준비 중이었어.

A …Preparing?

K 응! 준비한다고!

prepare 단어의 뜻이 뭐죠? 네! 맞아요. '준비하다'입니다. 하지만 그렇게만 알고 있으면 어색한 표현을 쉽게 만들 수 있어요. 예를 들어 많은 분들이 나갈 준비를 할 때나 잘 준비를 할 때도 prepare 단어를 사용하시더라고요. 하지만 그런 상황에서 prepare를 사용하면 좀 어색해요. 사실 prepare를 정확하게 번역하면 '준비하다' 보다는 '대비하다'가 맞거든요. 그래서 결국, 결혼, 전투 준비와 같이 체계적이고 계획적인 준비를 할 때 쓰는 것이 가장 적절하답니다.

● **I'm getting ready to go out.**
나 나갈 준비 중이야.

● **I'm getting ready to work out.**
나 운동할 준비 중이야.

● **I'm getting ready to meet you.**
너 만나러 갈 준비 중이야.

● **I'm getting ready for my date.**
데이트 나갈 준비 중이야.

● **I'm getting ready to go to bed.**
나 잘 준비 중이야.

● **What are you getting ready for?**
너 뭐 하러 나갈 준비 중이야?

★ 주로 외출 준비하는 친구에게 쓰는 표현이에요.

● **Hurry up and get ready!**
서둘러서 빨리 준비해!

● **It takes him forever to get ready!**
걔 준비하는 거 진짜 오래 걸린다!

▶ YouTube TALK

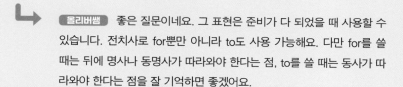

구독자 코멘트
be ready for를 써도 되나요?
👍 👎

➥ **올리버쌤** 좋은 질문이네요. 그 표현은 준비가 다 되었을 때 사용할 수 있습니다. 전치사로 for뿐만 아니라 to도 사용 가능해요. 다만 for를 쓸 때는 뒤에 명사나 동명사가 따라와야 한다는 점, to를 쓸 때는 동사가 따라와야 한다는 점을 잘 기억하면 좋겠어요.

- Are you ready <u>for</u> school?
  Are you ready <u>to</u> go to school?
  학교 갈 준비 다 했니?

- Are you ready <u>for</u> dinner?
  Are you ready <u>to</u> eat dinner?
  저녁 먹을 준비 됐니?

- I'm not ready <u>for</u> the test.
  I'm not ready <u>to</u> take the test.
  나 시험 칠 준비 안 된 것 같아.

017 '컨디션이 안 좋다'라고 할 때 쓰는 condition

A Hey. Are you coming to the party tonight?

야. 오늘 밤 파티에 갈 거지?

K Ah⋯ My condition is not good.

▶ **의도:** 나 컨디션 안 좋은데.

A Condition?

K 응! 상태 별로 안 좋다고!

 왠지 에너지가 없고 기운이 안 나는 날에 뭐라고 하세요? '컨디션이 안 좋다'고 하시죠? 이 말을 영어로는 뭐라고 할 수 있을까요? 컨디션이 영어니까 많은 분들이 간단하게 My condition is not good 이라고 말해요. 사실 엄밀히 틀린 표현이라고 하긴 힘들지만 생활 영어에서 이렇게 말하는 원어민을 찾기는 힘들 거예요. condition 이라는 표현은 주로 환자의 몸 상태에 대해 쓰는 의학적인 용어거든 요. 의사선생님과 환자의 몸 상태에 대해서 대화하는 게 아니라면 다음 표현으로 자연스럽게 말해보세요.

● **I'm not feeling well.**

몸 상태가 안 좋네.

★ 매우 기본적인 표현이에요.

● **I'm not feeling so hot today.**

오늘따라 기운이 없어.

★ 더운 것과는 상관없어요.

● **I'm feeling a bit under the weather.**

몸이 안 좋은 것 같아.

★ under the weather : 몸살에 잘 쓰는 표현

● **I'm feeling ill today.**

나 오늘 좀 아픈 것 같은데.

★ 감기 몸살은 sick보다 ill이 더 적절해요.

● **I think I'm coming down with a cold.**

감기 오려는 것 같아.

★ come down with : ~에 걸리다

YouTube TALK

구독자 코멘트

My feeling is not good도 어색한 표현인가요?

👍 👎

올리버쌤 네. 좀 어색하게 들립니다. 그리고 아마 그렇게 말하면 원어민이 '기분이 안 좋다'고 이해할 가능성이 높을 것 같아요. feeling에 소유격을 붙여서 my feelings나 your feelings라고 하면 보통 감정적인 느낌을 말하거든요. 그래서 '너 나에게 상처 줬어'라는 말을 할 때 You hurt my feelings라고 말하고, '상처 주고 싶지 않아'라고 말할 때 I don't want to hurt your feelings라고 말합니다.
아프다고 말하고 싶으면 앞의 표현을 사용하거나 I don't feel good이라고 해보는 게 어떨까요? 상대방이 100% 오해 없이 이해할 수 있을 거예요.

018 '밥 먹을래?'라고 할 때 쓰는 eat

K Hey. What are you doing?
야, 너 뭐 해?

A Just relaxing.
그냥 있어.

K Aren't you hungry?
배 안 고파?

Do you want to eat?
▶ **의도:** 밥 먹을래?

A Eat? Eat what?
먹어? 뭘 먹어?

★ 함께 식사하면 낯선 사람과도 금방 친해질 수 있어요. 그런데 친구에게 '밥 먹을래?' 하고 물어볼 때 영어로 어떻게 말하시나요? 많은 분들이 Do you want to eat?이라고 해요. 사실 문법적으로는 틀리지 않지만 어색한 표현입니다. '먹는다'는 동작보다 '식사하다'에 초점을 맞춰보세요. eat 대신에 get이나 grab을 사용하는 거예요. grab이라고 하는 이유는 그 음식을 잡자마자 먹으니까 이런 표현이 생긴 것 같아요.

- **Let's get dinner.**

  저녁 먹으러 가자.

- **Let's grab dinner.**

  저녁 먹으러 가자.

- **Do you want to get a bite to eat?**

  밥 먹을래?

  ★ get a bite : 캐주얼한 식사를 뜻해요.

- **Do you want to grab a bite to eat with me?**

  밥 먹을래?

- **Do you want to go out for some pizza?**

  피자 먹으러 나갈까?

  ★ go out for (음식) : 외식을 하러 나가자고 할 때 쓸 수 있어요.

- **Let's go out for some ice cream!**

  아이스크림 먹으러 가자.

YouTube TALK

 구독자 코멘트

Do you want to grab a bite to eat?에서 to eat을 생략해도 되나요?

 [올리버쌤] 네. 뒤에 to eat은 생략할 수 있어요. 배고프니까 길게 말할 필요없죠! 사실 Do you want to grab a bite?를 더 줄여서 Wanna grab a bite?라고 해도 돼요. 혹은 a quick bite라는 표현도 쓸 수 있어요. 간단하고 빠르게 먹는다는 뜻이에요. 예를 들어서 친구랑 영어 학원 가는 길에 김밥이 당기면 친구에게 이렇게 말할 수 있어요.

- Wanna grab a quick bite before class?
  수업 전에 후딱 먹고 갈까?

019 '머리가 아프다'라고 할 때 쓰는 sick

K   My head is sick.

> **의도:** 아, 머리 아파.

A   Your head is sick?

K   잉? 왜 그렇게 놀라?

'머리가 아프다' 문장을 그대로 직역해서 My head is sick이라고 말하는 분이 종종 있어요. sick을 아프다는 의미로 생각해서 그런가 봐요. 하지만 sick은 상태가 안 좋다는 뜻으로 이해하는 것이 더 정확해요. 따라서 My head is sick이라고 하면 아주 어색하게 들리는 데다가 '머리 상태가 안 좋다'는 의미로 해석됩니다. I'm sick in the head라고 하면 '미쳤다'라고 해석할 수도 있어요. 오해를 사지 않는 표현을 알려드릴게요. 두통이 잦은 분이라면 꼭 알아두세요.

● **I have a headache.**

두통이 있어.

● **I have a throbbing headache.**

머리가 지끈거려.

★ to throb : 지끈거리다

● **My head is pounding.**

머리가 욱신거려.

★ to pound : 쿵쾅거리다

● **I have a migraine.**

편두통 있어.

★ migraine : 편두통

● **I'm dizzy.**

머리가 어지럽다.

★ dizzy : 어지러운

▶ YouTube TALK

구독자 코멘트
My head hurts라는 표현도 흔하게 사용하던데요?
👍 👎

올리버쌤 아마 미국인이 My head hurts라고 말하는 걸 들으셨나 봐요. 맞아요. 그렇게 말할 수 있습니다. 하지만 엄밀히 따지자면 My head hurts는 통증을 표현할 수 있는 범위가 더 넓은 표현이에요. 넘어져서 머리를 부딪쳤을 때, 누가 때려서 상처가 생겨서 아플 때, 두통이 생겼을 때 등등 모든 통증에 대해 사용할 수 있어요. 살짝 뭉뚱그려 표현하는 셈이죠. 그래서 아마 이런 표현을 쓰면 상대방은 다친 것인지, 넘어진 것인지, 두통이 있는 것인지 궁금해져서 What happened?라고 물어볼 가능성이 커요. 표현 간의 차이를 이해하고 사용하면 느낌 전달을 더 잘할 수 있어요.

020 '혼자 공부했다'라고 할 때 쓰는 alone

A **Did you study abroad to learn English?**
영어 배우러 유학 갔다 왔어요?

K **No. I studied alone.**
▶ **의도:** 아뇨! 전 혼자 공부했어요.

A **Aww··· That must have been really difficult and lonely.**
저런··· 참 어렵고 외로웠겠어요.

K **잉?··· 외로웠겠다고?**

 ★ '혼자 공부했다'를 영어로 할 때 직역하다 보니 I studied alone이라고 하는 분이 꽤 많아요. 번역기에도 나오는 표현인데, 이 말을 할 때마다 상대방이 나를 안쓰럽게 쳐다보는 건 왜일까요? 😊 사실 alone은 단순히 '혼자'라는 뜻이 아니에요. '다른 사람의 방해 없이 신체적으로 고립된 상태'라고 이해하는 것이 더 정확합니다. 따라서 여러분이 신체적으로 고립돼서 외롭게 공부한 것이 아니라면 다른 표현을 쓰는 것이 좋겠죠? 스스로 공부했다는 의미로 대신 on my own 표현을 사용해보세요.

● **I learned to read** on my own.

읽는 거 나 혼자 배웠어.

● **I learned Korean** on my own.

한국어를 혼자 공부했어요.

● **How did you learn that** on your own?

그걸 어떻게 혼자 공부한 거야?

● **It's not easy to learn a foreign language** on your own.

새로운 언어를 혼자 배우는 건 쉽지 않아.

● **I'm** self-taught.

저 독학했어요.

★ self-taught : 좀 더 유식한 표현이에요.

● **I'm a** self-taught **guitarist.**

저는 독학한 기타리스트예요.

▶ YouTube TALK

> **구독자 코멘트**
> **by myself를 사용하면 어떨까요?**
> 👍 👎

올리버쌤 I did it by myself는 '남의 도움 없이 했다'라는 뜻으로, 이런 맥락에서 똑같이 쓸 수 있어요. 그런데 여기에 all을 추가하면 스스로 했다는 것을 강조할 수 있답니다.

- **I did it all by myself!**
  이걸 다 나 스스로 해냈다!

이 표현을 알면 누군가를 칭찬할 때 효과적으로 활용해볼 수 있어요. 예를 들어, 스스로 걸음마 하는 아이나 혼자 방 청소를 한 친구에게 이렇게 말해볼 수 있겠죠?

- **Wow! You're walking all by yourself!**
  이야! 이제 혼자서도 잘 걷네!

- **Wow! Did you do it all by yourself?**
  와! 네가 여기 혼자 다 청소한 거야?

그런데 주의! 😄 be 동사만 사용해서 I'm by myself라고 하면 다른 뜻이 됩니다. '나는 혼자 있어요'라는 의미거든요. 참고하세요!

★ QUIZ 퀴즈

001 그거 바보 같네.

002 내일 전화할게.

003 전 괜찮아요.

004 너 만나는 거 기대된다.

005 나는 여기서 외국인이야.

006 나 나갈 준비 중이야.

007 몸 상태가 안 좋네.

008 저녁 먹으러 가자.

009 머리가 욱신거려.

010 읽는 거 나 혼자 배웠어.

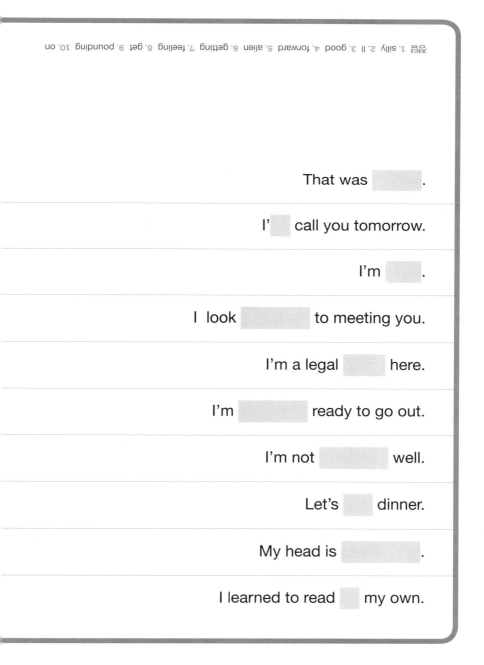

That was ▮▮▮ .

I'▮ call you tomorrow.

I'm ▮▮▮ .

I look ▮▮▮▮ to meeting you.

I'm a legal ▮▮▮ here.

I'm ▮▮▮▮ ready to go out.

I'm not ▮▮▮ well.

Let's ▮ dinner.

My head is ▮▮▮▮ .

I learned to read ▮ my own.

Q_____
올리버쌤은 왜 한국어에 관심이 생긴 거예요?

A_____

영상을 통해 저를 이미 접해본 분들도 실제로 저를 만나면 "진짜 한국말 잘하시네요!" 라며 놀라요. 그리고 어떻게 한국어에 관심을 갖게 된 건지 궁금해해요. 실제로 이 질문은 제가 정말 자주 듣는 단골 질문 중 하나예요. 대부분 '그냥 좋아서요' 하고 간단하게 대답하곤 했지만, 이 책을 통해서 좀 더 자세한 이야기를 들려드릴게요.

제가 영어 다음으로 배운 첫 번째 언어는 스페인어였어요. 미국에는 스페인어를 하는 사람이 워낙 많아서 자연스럽게 그 언어에 노출될 수 있었거든요. 그리고 스페인어는 영어와 공통점이 많아서 비교적 쉽게 배울 수 있었어요. 그러다 열세 살쯤 한국어를 처음 들어보게 되었는데, 듣자마자 완전히 반해버렸죠. 😊 한국어의 억양이 제 귀에 마치 멜로디같이 느껴질 정도였어요. 소리가 너무 새롭고 억양이 영어나 스페인어와 아주 달랐으니까요. 아마 소리와 문자 모양이 영어와 완전히 다른 것이 제 호기심을 크게 자극했던 것 같아요.

그 후로 자연스럽게 한국어와 한국 음식, 한국 문화에 관심을 갖게 되었고 한국 친구들도 생기게 되었어요. 그중 한 명이 저를 한국으로 초대하기까지 했죠. 그때 저는 열다섯 살의 어린아이였는데 두려움 하나 없이 순전히 기쁜 마음으로 신나게 가방을 쌌어요. 다행히 어머니도 크게 반대하지 않으셨어요. 결국 저는 작은 어깨에 큰 가방을 메고 혼자 한국행 비행기를 타게 되었고, 안양이라는 도시에 도착해서 문화적으로 풍부한 경험을 하게 되었어요. 수많은 한국 사람들을 만났고, 그들이 입고 먹고 웃는 것을 보았어요. 한 달의 시간을 보냈는데 그 시간이 마치 1년 같았죠.

미국에 돌아오고 나서도 계속 한국어 공부를 하고 싶어서 학원을 알아보기 시작했어요. 언젠가 꼭 한국으로 돌아가고 싶다는 생각을 했거든요. 하지만 제가 살던 동네에는 한국어 학원이 없었고 인터넷에도 한국어 교육 콘텐츠가 없었어요. 좌절하고 있던 와중에 좋은 소식이 들려왔어요. 어머니의 단골 편의점 사장님이 한국인이었던 거예요. 직접 편의점에 가봤더니 아주 착한 한국인 형이 계셨어요. 일주일에 한 번씩 그곳을 방문해서 편의점 뒤쪽의 직원 휴게실에서 한국어 수업을 받기 시작했어요. 그분에게 배운 단어를 종이 노트에 쓰고 매일 외웠어요. 한글에 푹 빠져서 자려고 눈을 감아도 한글이 어른거릴 정도였어요. 마구잡이로 한국 영화를 주문해서 보기 시작했고 온라인으로 한국인 친구도 찾았어요. 대화 상대가 많지 않아서 자주 대화하지는 못했지만 한국어 초석은 튼튼하게 만들었던 것 같아요.

이미 눈치채셨겠지만 저는 처음부터 한국어, 한국 문화와 사랑에 빠지고 미쳐버렸던 것 같아요. 마치 한 가수의 팬이 되어 그의 음악에 완전히 꽂히는 것처럼요. 아주 좋아하는 노래가 생기면 너무 좋은 나머지 매일 듣고 자연스럽게 가사가 술술 외워지잖아요. 시험 성적을 위해서라면 그렇게 잘 외울 수 없겠죠? 그래서 말인데 여러분은 영어와 얼마나 사랑에 빠져 있나요? 여러분이 좋아하는 음악만큼 자주 듣나요? 여러분에게도 영어와의 흥미로운 러브스토리가 있을 것 같은데, 기회가 되면 한번 들어보고 싶네요. 😊

Lesson 3

이것도 영어로
말할 수 있나요?

①

Oliver's English

021 나 끝내주는 '맛집' 알아

K **I'm hungry.**
아… 배고프다.

A **I know this really good hole in the wall down the street.**

K **Hole? Wall?**
벽에 구멍?

A **Wanna go?**
같이 갈래?

K 뭐야? 나 이상한 데 데려가려고 그러는 거지?

여러분! 맛집 탐방하는 거 좋아하세요? 저도 아주 좋아해요. 특히 주말마다 좋아하는 친구들과 함께 인터넷에서 찾은 맛집에 가는 걸 좋아해요. 그런데 맛집을 영어로는 뭐라고 할 수 있을까요? 특이하게도 hole in the wall이라고 부른답니다. 재미있는 표현이라서 기억하기 참 쉽겠죠? 그런데 이 표현을 사용할 때 주의점이 하나 있어요. 맥도날드나 아웃백은 hole in the wall이라고 부를 수 없답니다. 체인점이나 아주 비싼 고급 식당이 아닌, 오래되고 허름하지만 아주 맛있는 음식점을 보통 이렇게 부르거든요.

● **I know this really good** hole in the wall.
나 끝내주는 맛집 알아.

● **It's a** hole in the wall**, but the food is really good.**
작은 맛집인데, 음식이 끝내줘.

● **Mario's Pizza is a really popular** hole in the wall **restaurant.**
마리오 피자집 엄청 유명한 맛집이야.

● **That's my favorite** hole in the wall.
거기 내가 좋아하는 맛집인데.

● **My sister knows a really good** hole in the wall **nearby.**
내 여동생이 이 근처에 있는 끝내주는 맛집을 알아.

● **It's a** hole in the wall**, but it's really expensive.**
작은 맛집인데 더럽게 비싸네.

▶ YouTube TALK

구독자 코멘트

다른 영어권 나라에서도 같은 의미로 사용하는 표현인가요?

👍 👎

올리버쌤 몇몇 분들이 이런 질문을 해주셔서 저도 영미권에서 혹시이 표현이 다른 의미로도 쓰이는지 찾아봤어요. 영국이나 아일랜드 지역에서는 hole in the wall을 ATM을 의미하는 표현으로 사용한다고 하네요. 한국이나 미국에서 쉽게 볼 수 있는 ATM 모습과는 달리, 그 지역의 ATM은 길가의 벽 안에 설치되어 있어서 그렇게 부르나 봐요. 혹시 영국인이나 아일랜드인이 급한 표정으로 Where can I find a hole in the wall?이라고 묻는다면 맛집 대신 ATM의 위치를 알려주는 게 좋겠어요!

022 난 '모태솔로'야

A Hey. Are you going on a date tonight?
야. 오늘 저녁에 데이트 하러 가나?

K I don't have girlfriend!
나 여자친구 없어.

A Oops! Sorry. I thought you had one.
아이고! 미안. 있는 줄 알았네.

K 흑흑… 나 모태솔로라고 놀리는 거니?

 태어나서 한 번도 애인이 없었던 사람을 '모태솔로'라고 하죠? 참 재미있는 표현인 것 같아요. 미국에도 모태솔로가 있어요. 그런데 인터넷 사전에서 '모태솔로'를 영어로 번역해봤더니 A person who has never been in a romantic relationship이라고 나오더라고요. 물론 정확한 묘사이긴 하지만, 아주 짧게 줄여서 forever alone이라고 말할 수도 있답니다. '앞으로도 영원한 솔로'라는 뜻으로 좀 더 잔인(?)하게 들리긴 하네요. 요즘 인터넷에서 재미있는 팔로 많이 활용되는 표현이니까 잘 기억해두면 미국인 친구와 재미있는 농담을 주고받을 수 있겠어요.

● **I'm** forever alone.

난 모태솔로야.

● **Are you** forever alone**?**

너 모태솔로니?

★ #foreveralone : 소셜미디어에서 이 태그로 장난을 많이 쳐요.

● **He's** forever alone.

걔 모태솔로야.

● **He likes being** forever alone.

걘 모태솔로인 걸 좋아해.

● **I'd rather be** forever alone.

차라리 모태솔로로 남고 말지.

YouTube TALK

구독자 코멘트

'애인 있어?' '만나는 사람 있어?'라고 물을 땐 어떻게 말하나요? lover라고 쓰면 안 된다고 하던데….

👍 👎

 올리버쌤 아주 좋은 질문이네요. 질문하는 방법에 따라 분위기가 어색해질 수 있으니까, 자연스럽게 물어보는 방법을 알려드릴게요. 일단 말씀하신 것처럼 Do you have a lover? 표현은 추천하지 않아요. 뭔가 갑작스러운 느낌이 있거든요. 대신에 Are you single?이라고 물어보면 제일 좋을 것 같아요. '혹시 솔로예요?'라는 의미로 들리겠죠? 그런데 혹시 이 표현도 뭔가 직접적으로 느껴진다면 이런 표현을 쓰는 것도 괜찮겠어요.

- Are you dating anyone?
  데이트하는 사람 있어요?

- Are you seeing anyone?
  만나는 사람 있어요?

남자 여자 상관없이 사용할 수 있는 표현이니까 아주 유용하게 사용할 수 있을 거예요!

023 그 귀신 장면 때문에 '닭살 돋았어'

A Hey. Did you see Yeona Kim's performance yesterday?

너 어제 김연아 퍼포먼스 봤어?

K 당연히 봤지. 완전 닭살 돋았어. Chicken skin!

A Chicken skin? Ah! You had chicken for dinner yesterday?

닭살? 아! 너 어제 저녁으로 치킨 먹었니?

K 엥? 그게 아닌데…?

 ★ 무섭거나 춥거나 아주 징그러운 것을 보면 소름이 돋아요. 그리고 멋진 퍼포먼스나 음악을 들을 때도 소름이 돋죠. 팔에 털이 삐쭉 서서 닭살처럼 보일 때, 여러분은 '닭살'이라고 표현하시죠? 하지만 미국 사람들은 같은 상황에서 '거위 살'을 떠올려요. 그래서 goosebumps라는 표현을 씁니다. 이 외에도 '닭살 돋아'와 같은 의미의 다양한 표현들이 있어요. 여러분의 취향에 딱 맞는 표현을 골라 잘 기억해보세요. 언젠가 소름이 돋는 그 순간 바로 떠올릴 수 있게요.

- **That ghost scene gave me** goosebumps.

그 귀신 장면 때문에 닭살 돋았어.

- **That house** gives **me the** chills.

저 집 소름 돋게 생겼다.

★ give chills : 소름 돋게 만들다

- **Hearing his voice** gave **me the** chills.

그 남자 목소리만 들었는데 소름이 돋더라고.

- **That sound makes** my hair stand on end.

그 소리 털을 곤두서게 하네.

★ make one's hair stand on end : 털을 곤두서게 하다

- **Kim Yeona's performance** sent shivers down my spine.

김연아 퍼포먼스는 전율 돋게 해.

★ shivers : 추위나 흥분 등으로 떠는 것

- **That horror movie** sent shivers down my spine.

그 공포영화가 소름 돋게 했어.

구독자 코멘트
그럼 오글거릴 때는 뭐라고 하나요?
👍 👎

 너무 부끄럽고 유치해서 손발이 오징어처럼 마구 오그라드는 느낌을 말하고 싶은 거죠? 그럴 때는 cringy라는 표현을 쓸 수 있어요. 그리고 너무 유치한 것을 보거나 들어서 오글거릴 때는 cheesy 표현을 사용할 수 있습니다.

- **That's so cringy.**
  그거 진짜 오글거린다.

- **That's so cheesy.**
  그거 진짜 촌스럽다.

한국 가수 싸이가 〈강남스타일〉로 큰 인기를 끌었던 당시에 미국 TV쇼에 출연한 것을 본 적이 있어요! 그때 싸이가 브리트니 스피어스에게 춤을 가르쳐주면서 Dress classy, dance cheesy(옷은 멋지게, 춤은 유치하게)라고 하더라고요. 재미있고 익살스러운 표현이라서 그런지 관중들이 모두 빵 터졌죠. cheesy 표현을 아주 적절하게 사용한 예인 것 같아요. 나중에 cheesy 표현의 의미가 기억나지 않으면 〈강남스타일〉 춤을 추면 어떨까요? 왠지 1초 만에 그 의미가 떠오를 것 같아요.

024 지금 전화'하려고 했어'

A **Hey. Why didn't you reply?**
야, 왜 답장 안 했어?

K 아, 미안. 바로 하려고 했는데 배터리 꺼져서….

A **What?**
뭐?

K **I was… um.** 아, 답답해.

숙제하려고 하는데 어머니한테 '숙제 왜 안 해!'라는 잔소리를 듣는다든가, 애인에게 연락하려던 참인데 '왜 연락 안 해?'라고 오해받는 것만큼 답답한 일은 없을 거예요. 저만 그런 거 아니겠죠? 이런 일이 생기면 '마침 하려고 했어!'라고 바로 시원하게 말해야죠. 영어로 쉽게 말해볼 수 있어요. 여러분이 말하려는 문장에 그냥 be about to만 추가해보세요!

- **I** <u>was about to</u>!

  하려고 했어!

- **I** <u>was about to</u> **call you.**

  전화하려고 했어.

- **I** <u>was about to</u> **text you.**

  문자하려고 했어.

- **I** <u>was about to</u> **move my car.**

  차 빼려고 했어.

- **I** <u>was about to</u> **do my homework.**

  숙제하려고 했어요.

- **I** <u>was fixing to</u> **go outside.**

  나 막 나가려고 했는데.

  ★ be fixing to는 똑같은 의미를 가진 미국 남부의 사투리예요.

- **I** <u>was fixing to</u> **drive to the gym.**

  나 헬스장 가려고 했는데.

YouTube TALK

구독자 코멘트
I was gonna do도 비슷한 의미인가요? 어떻게 다른 가요?
👍 👎

 아주 좋은 질문입니다. 비슷한 의미를 가진 표현이라고 할 수 있어요. 하지만 be about to 표현에 지금 이 순간에 일어난 느낌이 더 살아 있답니다. 예를 들어서 I was going to call you라고 하면 전화를 하려고 했던 의도는 살아 있지만 내일 전화하려고 했는지, 일주일 뒤에 전화하려고 했는지 그 시점을 알 수 없어요. 그 말이 의미하는 시간의 범위가 크거든요. 반면 I was about to call you라고 하면 '나는 당신에게 막 전화하려고 했어요'라고 해석돼서 '지금 이 순간 막 전화하려던 참이었다'는 느낌이 더 살게 됩니다. 이해가 잘되셨나요?

025 외국인'치고' 젓가락질 잘하네

K **Do you want to try some tteok-bokki?**
떡볶이 좀 먹어볼래?

A **Sure. Wow! It's so good!**
그럼. 와, 맛있다!

K **Isn't it spicy?**
맵지 않아?

A **No. I love it. Can I have some more?**
아니. 맛있는데. 더 먹어도 돼?

K **와! 미국인치고 매운 거 잘 먹네! 음… 치고를 뭐라고 말하지?**

 저는 개인적으로 한국에서 '~치고'라는 표현을 정말 많이 들었어요. 장을 보러 나가면 아주머니들이 "아이고~ 미국인치고 한국말을 잘하네!"라고 하세요. 그리고 식당에 가면 "이야! 미국인치고 젓가락질 잘하네!"라고 하시죠. 아마 미국인들은 한국말을 잘 못하고 젓가락질도 못한다는 고정관념이 있나 봐요. 😄 아무튼, 실생활에서 많이 쓰는 이 표현을 영어로는 어떻게 할까요? consider 단어를 사용해서 말할 수도 있지만 for를 사용하면 더 쉬워요.

EXPRESSIONS 이렇게 말해보세요

- **You speak Korean pretty well for an American!**
  미국인치고 한국말 꽤 잘한다!

- **You handle spicy food really well for an American!**
  미국인치고 매운 거 잘 먹네!

- **You're really good at 사구 for a first-timer.**
  처음 하는 거치고 사구 좀 하네.

- **You use chopsticks pretty well for a foreigner.**
  외국인치고 젓가락질 잘하네.

- **You make good kimchi for someone who's never been to Korea.**
  한국 한 번도 안 가본 사람치고는 김치 잘 만드네.

YouTube TALK

> **구독자 코멘트**
> **엄청 어려울 거라고 생각했는데 의외로 간단하네요.**
> 👍 👎

(올리버쌤) 많은 분들이 for를 '~를 위해서'라고 해석하는 것 같아요. 그런데 사실 전치사 for에는 30개가 넘는 기능이 있어요. 그중에 하나가 '~치고'예요. 기능이 30개나 있다는 말에 많은 분들이 '그 많은 것을 어떻게 공부하지?' 하고 겁을 먹을 것 같아요. 전치사 for에만 집중해서 모든 기능을 외우려고 들면 당연히 머리가 아플 거예요. 기능도 많지만 변수도 너무 많으니까요. 언어학자가 되는 것이 목표가 아니라면 시간이 많이 걸리더라도 문맥을 통해서 하나씩 습득하는 것이 가장 좋다고 생각해요. 우리가 모국어를 배울 때처럼요. 여러분이 자연스럽게 배울 수 있도록 저도 꾸준히 좋은 예문을 많이 소개해드릴게요.

026 나가는 '김에' 빵 좀 사다 줄래?

K　(통화) **Hey. Are you shopping?**
야, 너 장보는 중이야?

A　**Yeah! I'm at the store now.**
응. 나 지금 슈퍼에 있어.

K　**Could you do me a favor?**
나 부탁 들어줄 수 있어?

A　**Sure. What's up?**
응. 뭔데?

K　오는 길에 아이스크림 하나만 사다 줄래? 오는 길에…
어떻게 말하지?

 친구에게 뭔가를 시킬 때 '나가는 김에 빵 좀 사다 줄래?' '오는 길에
아이스크림 하나만!' 이런 문장 많이 사용하시죠? 이렇게 유용한 표
현을 영어로 어떻게 말해볼 수 있을까요? 이 경우에 가장 자연스러운
영어 표현은 while you're at it입니다. 아마 많은 분들이 직역해서
'네가 거기에 있는 동안'이라고 이해할 것 같은데요, 이 문장에 있는
it은 장소가 아닌 어떠한 행동으로 이해해야 돼요. 그래서 이 표현을
광범위한 상황에서 사용할 수 있어요. 슈퍼 가는 중, 집에 오는 중, 청
소하는 중, 공부하던 중, 신발 닦던 중, 촬영하던 중 등등 모두요.

● **While you're at it, would you get me some ice cream?**

오는 길에 아이스크림 좀 사다 줄래?

● **While you're at it, would you get me some bread?**

나가는 김에 빵 좀 사다 줄래?

● **While you're at it, would you take out the trash?**

나가는 김에 쓰레기 좀 버려줄래?

● **While you're at it, would you mind picking up the pizza?**

나가는 김에 피자 좀 받아다 줄래?

● **While you're at it, could you scan this for me?**

그거 하는 김에 이것 좀 스캔해줄래?

● **Could you feed the cat while you're at it?**

그거 하는 김에 고양이 밥 좀 줄래?

▶ YouTube TALK

구독자 코멘트

그럼 내가 주체가 될 땐 while I'm at it이라고 하면 되나요?

👍 👎

 올리버쌤 네! 그렇게 사용할 수도 있어요. 참고할 수 있게 예시 문장 더 드릴게요.

- I might as well clean up the rest of the house while I'm at it.
  청소하는 김에 집 전체를 청소해버리지 뭐.

- I have to get some gas. I'll probably wash my car while I'm at it.
  기름 좀 넣어야겠다. 가는 김에 세차도 해야겠네.

- I'm going to go get a refill. Would you like me to get you something while I'm at it?
  나 리필하러 갈 거야. 간 김에 너 필요한 것도 갖다 줄까?

027 '변태' 같은 녀석

K Mike! What's your favorite game?

마이크! 너는 무슨 게임 좋아해?

A I like DDR.

DDR을 제일 좋아해.

K 헐! DDR? You're such a pervert.

너 변태구나.

A W, what…?

뭐, 뭐라고?

제가 한국 학교에서 근무했을 때, 학생들이 어떤 게임을 좋아하냐고 물어봤어요. 어릴 때 DDR 게임을 즐겨 했다고 말했는데, 그 말이 끝나자마자 학생들이 다 웃음을 터트렸어요. 처음엔 왜 웃는지 영문을 알 수 없었어요. 알고 보니 저는 순수하게 Dance Dance Revolution 게임을 말했는데, 학생들이 변태 같은 뜻으로 해석한 거 있죠? 😊 이 변태 같은 학생들 같으니! 평소에 얼마나 변태스러운 생각을 많이 했으면 그렇게 해석했을까요? 여러분 주위에도 평소에 음흉하고 야한 생각을 자주 하는 친구가 있나요? 그런 친구들에게 써봄직한 표현을 알려드릴게요!

● **You're such a pervert!**

변태 같은 녀석!

★ pervert : 변태

● **I didn't know you were such a pervert!**

너 그렇게 변태인 줄 몰랐네!

● **What a perv!**

변태야!

★ perv : pervert의 줄임말

● **Your mind is in the gutter.**

머릿속이 시궁창이구나!

★ the gutter : 시궁창

● **Get your mind out of the gutter.**

야한 생각 좀 그만해라.

● **You have a dirty mind.**

그쪽 머릿속이 좀 지저분하네요.

● **Is that all you ever think about?**

너는 그런 생각밖에 안 하냐?

▶ YouTube TALK

구독자 코멘트

hentai를 주로 썼는데, 아닌가요?

👍 👎

올리버쌤 그 말은 순수한 영어가 아니라 일본어 へんたい(헨타이)에서 온 말인 걸로 알고 있어요. 그런데 미국에서는 변태라는 뜻이 아닌 야동의 한 종류를 의미하는 것 같아요. 주로 일본산 성인용 음란물을 그렇게 부르거든요. 따라서 미국인 친구에게 You're such a hentai라고 하면 정확한 의미 파악을 못 할 수도 있을 것 같아요. 물론 음란물 문화에 관심이 없는 사람들(저 같은 순수한 사람 포함 ☺)도 이해를 잘 못할 수 있겠죠?

028 '에라 모르겠다'

A Hey. Did you finish your homework?

야, 너 숙제 다 했어?

K I forgot to do it.

아, 맞다. 깜빡했어.

A Well, you better finish it today or the teacher will give you an F.

오늘 끝내는 게 좋을걸. 아니면 선생님이 F 줄 테니까.

K 아, 오늘 약속 있는데… 에라 모르겠다. Fu∗k it!

 무책임함을 가득 담아 뭔가를 포기할 때 쓰는 '에라 모르겠다!'라는 말을 영어로는 어떻게 할까요? 많은 분들이 적당한 표현을 모르거나 비속어가 섞인 Fu∗k it 표현을 쓰는 것 같아요. 물론 그 표현도 맞지만, 학교나 공공장소에서 함부로 쓰기에는 눈치가 보일 수 있겠죠? 그래서 비속어 없이도 시원하게 감정을 표현할 수 있는 방법을 준비했어요. 그런데 이 표현을 쓸 때도 태도가 아주 중요합니다. 최대한 귀찮고 나태한 표정으로 말해보세요.

● **Eh, whatever.**

뭐, 될 대로 되든가.

● **Meh. Whatevs.**

뭐, 될 대로 되라지.

★ 게으른 느낌으로 발음하게 돼서 귀찮음이 더 녹아 있어요.

● **Ah! Screw it!**

아! 모르겠다!

★ 시험 망했을 때 쓸 수 있어요.

● **Ain't nobody got time for that.**

아무도 이런 거 신경 안 쓰고 싶을 거야.

● **I don't have time for this.**

그런 거 신경 쓸 시간이 없어.

● **I have better things to do.**

차라리 다른 걸 하는 게 낫지.

YouTube TALK

구독자 코멘트

'에라 모르겠다'는 주로 화나거나 짜증난 상태에서 사용할 때가 많아요. 그래서 빅뱅도 〈에라 모르겠다〉의 영어 제목을 Fu*k it으로 번역한 것 같은데요?

👍 👎

 올리버쌤 짜증난 상태에서는 Fu*k it이라고 말하는 게 더 감정이 살아 있다고 생각하셨군요. 아마 욕이 들어 있어서 그렇게 느끼셨나 봐요. 그런데 Screw it으로도 충분히 화가 나고 짜증난 감정을 잘 표현할 수 있어요. 둘 다 같은 감정, 느낌이 담긴 말이지만 Fu*k it은 욕설이 담겨 있다는 점이 큰 차이점이랍니다. 욕설이 들어 있어도 편한 친구 앞에서는 스스럼없이 쓸 수 있을 만한 표현이라서 빅뱅도 노래 제목을 이렇게 선정한 것 같아요. 오해 마세요! 저도 빅뱅 왕팬입니다! 😆

029 그래서 뭐 '어쩌라고'

A Hey, guess what! A jellyfish is 95% water!

야, 그거 알아? 해파리는 95%가 물이래!

K What! What!

▶ **의도:** 뭐야, 어쩌라고!

A Wow, it seems like you wanna know more.

와, 너 정말 더 알고 싶나 보다.

K 아, 그게 아닌데.

 ★ 상대방이 쓸데없는 이야기를 자꾸 해서 답답함을 느껴본 적 있으세요? 그럴 때 '뭐, 뭐!'를 번역해서 What, what!이라고만 말하면 상대방이 자꾸 눈치 없이 더 말할 수 있습니다. 이야기를 더 요구하는 것처럼 들릴 수 있거든요. 듣기 싫다는 귀찮음을 팍팍 풍기고 싶다면 다음 표현을 참고해보세요.

● **So what?**

그래서 뭐?

● **Who gives?**

누가 관심 있대?

● **Do you think I care?**

내가 신경 쓴대?

● **Who cares?**

누가 신경 써?

● **And your point is?**

그래서 요점은?

● **Does it look like I care?**

내가 신경 쓸 것처럼 보여?

● **I don't give a crap.**

난 1도 신경 안 써.

▶ YouTube TALK

> **구독자 코멘트**
> **그냥 짧게 So?라고 해도 되지 않을까요?**
> 👍 👎

↪ **올리버쌤** 맞습니다. 정말 귀찮으면 아주 짧게 So?라고 할 수도 있겠네요. 아마 '그래서?' 하고 귀찮게 반응하는 느낌과 비슷할 것 같아요. 하품하면서 That's nice라고 하는 것도 효과가 아주 좋습니다. 그런데 눈을 마주치면서 말하면 안 됩니다. 멀리 있는 지평선을 바라보는 것처럼 시선 처리를 하세요.

A Hey! I woke up really late this morning!
야! 나 오늘 늦잠 잤어!

K So? 😣
그래서?

A Um··· So I couldn't eat breakfast!
음··· 그래서 아침을 못 먹었어.

K (하품하면서) That's nice. 😴
좋네.

030 '터지고 싶냐?'

A Hey! You wanna piece of me?

K 뭐라는 거지? 피자 한 조각 먹어보라는 건가?

A Hey! I'mma mess you up!

K 응? 날 더럽혀줄 거라고?

 상대방에게 위협을 가할 때 '묵사발 만들어줄까?' '쥐어 터지고 싶냐?' 등등 다양한 한국어 표현이 있죠? (개인적으로 제가 자주 사용하는 표현은 아니고, 한국 영화에서 배웠어요. 😆) 영어로도 다양한 표현이 있어요. 그런데 교과서에는 안 나오는 표현인 만큼, 여러분에게 아주 생소하게 들릴 수 있습니다. 액션 영화에서 자주 들을 수 있을 만한 표현을 준비해봤어요. 재미있는 표현을 알아두면 앞으로 액션 영화 시청이 더 재미있어질 거예요.

● **How about a knuckle sandwich?**

주먹 샌드위치 만들어줘?

★ 결국 때린다는 뜻이겠죠?

● **Come get some!**

들어와서 쳐봐!

● **You wanna piece of me?**

나 감당할 수 있겠어?

● **I'm takin you down!**

깔아뭉갤 거야!

● **I'mma mess you up!**

반 죽여줄 거야!

★ I'mma : I'm going to를 줄여서 말하는 거예요.

● **You got beef?**

터지고 싶냐?

★ 고기 있냐고 물어보는 거 아니에요.

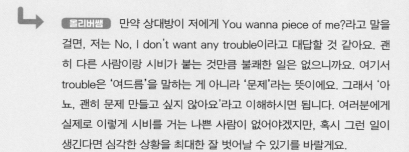

▶ YouTube TALK

구독자 코멘트

무슨 말인지 모르고 그냥 Yes라고 했다간 한 대 맞을 수도 있겠네요. 그냥 상황을 좋게 마무리 짓고 싶을 때 쓸 수 있는 적당한 표현 없을까요?

👍 👎

올리버쌤 만약 상대방이 저에게 You wanna piece of me?라고 말을 걸면, 저는 No, I don't want any trouble이라고 대답할 것 같아요. 괜히 다른 사람이랑 시비가 붙는 것만큼 불쾌한 일은 없으니까요. 여기서 trouble은 '여드름'을 말하는 게 아니라 '문제'라는 뜻이에요. 그래서 '아뇨, 괜히 문제 만들고 싶지 않아요'라고 이해하시면 됩니다. 여러분에게 실제로 이렇게 시비를 거는 나쁜 사람이 없어야겠지만, 혹시 그런 일이 생긴다면 심각한 상황을 최대한 잘 벗어날 수 있기를 바랄게요.

★ QUIZ 퀴즈

001 나 끝내주는 맛집 알아.

002 난 모태솔로야.

003 그 귀신 장면 때문에 닭살 돋았어.

004 숙제하려고 했어요.

005 미국인치고 한국말 꽤 잘한다!

006 나가는 김에 나 빵 좀 사다 줄래?

007 변태 같은 녀석!

008 아! 모르겠다!

009 누가 관심 있대?

010 나 감당할 수 있겠어?

I know this really good ⬜ in the wall.

I'm ⬜ alone.

That ghost scene gave me ⬜.

I was ⬜ to do my homework.

You speak Korean pretty well ⬜ an American!

While you're ⬜, would you get me some bread?

You're such a ⬜!

Ah! ⬜ it!

Who ⬜?

You wanna ⬜ of me?

올리버쌤의
영어공부팁
❸

유튜브 채널 구독자들이

가장 많이 하는 질문에 대한

올리버쌤의 답변

Q_____
단어를 열심히 외웠는데 영어 실력이 왜 안 늘죠?

A_____

영어 공부를 열심히 하고 있다는 학생들 중에 많은 분들이 두꺼운 단어장을 들고 카페나 도서관에 가서 단어 공부를 해요. 그리고 머릿속에 최대한 많은 것을 담기 위해 새롭고 낯선 단어들과 씨름을 하죠. 그렇게 어렵게 단어와의 싸움을 거치고 나서 실력이 훌쩍 늘면 좋을 텐데, 생각보다 어휘가 늘지 않은 것 같은 경험을 해보셨을 거예요. 그래서 많은 분들이 '노력해도 잘 안되는구나' 하는 생각에 쉽게 자신감을 잃게 되죠.

저도 '단어 외우기'에 대한 이런 부담을 100% 이해해요. 여러분이 영어 공부를 하는 것처럼 저도 한국말을 평생 공부해야 하는 학습자니까요. 저도 여러분처럼 단어를 열심히 외웠는데 노력한 만큼 성과가 없어서 오히려 자신감을 잃었던 경험이 있어요. 난생처음 한국인 친구 집에 초대받았을 때의 일인데요. 그때 저는 어느 정도 기초 한국어를 공부한 상태였고 어려운 단어들도 아주 열심히 외웠기 때문에 한국어에 자신감이 있었어요. 그런데 친구 방 책장에서 한국 책을 꺼내 펼치자마자 마치 매트릭스 미로

속에 빠지는 기분이었어요. 60% 정도는 이해할 수 있지 않을까 하는 자신감에 부풀어 있었는데, 한 줄도 제대로 이해하지 못하겠는 거예요. 저 자신이 너무 실망스러웠죠.

울상을 짓고 있었더니 친구가 옆에서 "그거 정치적인 책이라서 나도 이해 못 해"라고 하더라고요. 알고 보니 그 책에 나오는 어휘는 평소에 친구나 가족끼리 대화할 때 쓰는 것들이 아니었어요. 일상생활에서 쓰는 단어가 아니라 그 분야의 전문인들만 이해할 수 있는 어휘들이었던 거죠. 여러분을 낙담시키는 일들도 실제로 알고 보면 저와 비슷한 경우일지 몰라요.

영어 원어민이 평소에 사용하는 어휘의 65%는 겨우 300개뿐입니다. 90%로 따져도 2000개밖에 안 돼요. 일상적인 대화에는 어려운 단어를 거의 안 쓴다는 말이죠. 물론 기본 단어 2000개만 외우면 무조건 대화가 된다는 말은 아니지만, 영어로 기본적인 대화를 하는 것이 생각만큼 어렵지 않다는 의미이기도 하죠. 그러니까 시험에 나오는 어려운 단어에 겁을 먹고 '이 단어를 모르다니, 영어는 글렀어!'라고 포기하지 않았으면 좋겠어요. 어쩌면 여러분은 이미 대화에 필요한 기본 단어는 다 알고 있을지도 몰라요. 단지 사용 방법이 익숙하지 않을 뿐!

Lesson 4

이것도 영어로
말할 수 있나요?
②

031 '혹시' 그 사람 전화번호 아세요?

K **Excuse me.**
실례합니다.

How do I get to Johnson street?
여기서 존슨가까지 어떻게 가요?

A **There's a bus that will take you there from here.**
여기서 그쪽으로 가는 버스 타시면 돼요.

K **혹시 몇 번 버스예요? Do you know… 아, 혹시를 영어로 어떻게 말하지?**

A **Pardon me?**
네?

뭘 요청하거나 질문할 때 차갑고 냉정하게 말하는 게 좋을까요? 아니면 최대한 부드럽고 정중하게 말하는 게 좋을까요? 당연히 부드럽고 정중하게 말하는 게 좋겠죠? 그럴수록 상대방이 더 거절하기힘들 테니까요. 그래서 저는 친구에게 무엇을 부탁할 때 최대한 웃으면서 조심스럽게 묻는답니다. 그럴 때 저는 주로 '혹시'라는 표현을 많이 쓰는데 여러분도 그러나요? '혹시'를 영어로 번역한다면 어떤 표현을 써야 하는지 자연스러운 표현을 알려드릴게요.

● **Do you happen to know where the subway station is?**

지하철역 어디에 있는지 혹시 아세요?

● **Would you happen to know which bus goes to Seoul Station?**

어떤 버스가 서울역에 가는지 혹시 아십니까?

● **Would you happen to have a dollar?**

혹시 1 달러 있으세요?

● **Do you by any chance speak Korean?**

혹시 한국말 할 줄 아세요?

● **Do you know his number by any chance?**

혹시 그 사람 전화번호 아세요?

● **Do you recognize the man in this photo by any chance?**

이 사진 속 남자를 혹시 알아보시겠습니까?

▶ YouTube TALK

구독자 코멘트

**would you happen to와 by any chance의 뉘앙
스가 어떻게 다른지 궁금해요.**

 올리버쌤 둘 다 '혹시'라는 의미를 가졌어요. 큰 의미 차이는 없습니
다. do you happen to라는 게 어떤 가능성(chance)이 있을지 물어보
는 거잖아요. 같은 의미와 느낌이지만 표현 방법만 다르다고 생각하시면
돼요. 그래서 사실 by any chance를 쓴 문장을 do you happen to를
사용해서 바꾸는 것도 가능해요.

- Do you by any chance speak Korean?
  = Do you happen to speak Korean?
  혹시 한국말 할 줄 아세요?

- Do you know his number by any chance?
  = Do you happen to know his number?
  혹시 그 사람 전화번호 아세요?

- Do you recognize the man in this photo by any chance?
  = Do you happen to recognize the man in this photo?
  이 사진 속 남자를 혹시 알아보시겠습니까?

032 '그냥' 가기 싫었어

A Hey! Why didn't you come to the party last night?

야! 어젯밤 파티 왜 안 왔어?

K Just!

▶ **의도:** 그냥.

A Just what?

그냥 뭐?

K 그냥 안 갔다고. Just!

⭐ 별 이유가 없을 때 '그냥'이라는 표현 많이 사용하시죠? 이걸 영어로는 어떻게 말할까요? 많은 분들이 just를 단독으로 사용해서 대답해요. 하지만 그렇게 말하면 아무런 의미가 없어요. 완성되지 못한 표현처럼 느껴져서 상대방이 Just what? 하고 되물을 가능성이 커요. '그냥'이라는 대답을 제대로 하고 싶다면 just 뒤에 because를 붙여보세요. 두 단어가 만나 '그냥'의 의미를 만든답니다!

A **Why did you go there?**
거기 왜 갔어?

B Just because.
그냥.

A **Why are you eating that?**
그걸 왜 먹어?

B Just because.
그냥.

A **Why are you late?**
너 왜 늦었어?

B Just because.
그냥.

A **Why didn't you finish your work?**
왜 일 안 끝냈어?

B Just because.
그냥.

▶ YouTube TALK

구독자 코멘트
나도 평소에 그냥 just라고만 말했는데. 그럼 안 되는 거군요!

 덤으로 정보 하나 더! 😵 just를 형용사로 쓰면 '공정한, 정의의'라는 의미로 사용할 수도 있다는 사실을 혹시 아시나요? 여러분이 잘 아는 justice(정의) 단어의 형용사형이랍니다. 아래 문장을 해석할 때는 '그냥'으로 해석하면 안 되겠죠?

- I want to live in a just society.
  공정한 사회에서 살고 싶어.

- That wasn't a just cause for war.
  그건 전쟁의 정당한 이유가 아니야.

- That wasn't a just response.
  그건 정당한 행동이 아니었어.

누가 Why did you do that? (너 왜 그랬어?) 하고 내 행동이나 기분에 대해 추궁하면 이렇게 대답해볼 수도 있어요.

- I just felt like it.
  그냥. (=그냥 끌리는 대로 한 거야.)

133

033 '그런 게 어딨어요'

K **Here's my rent money.**

여기 이번 달 월세입니다.

A **Alright. Next month, it's gonna be one hundred dollars more.**

그래. 다음 달부터는 100달러 더 내.

The rent just went up.

지금 월세 올린 거야.

K **엥? 헐! 그런 게 어딨어요? Where is it?!**

말도 안 되는, 황당한 일을 겪어본 적 있으세요? 선생님이 갑자기 숙제를 많이 내주셨거나, 월세가 갑자기 많이 올랐다든가 말이에요. 이런 일을 겪으면 '그런 게 어딨어요?' '말도 안 돼요!'라는 말로 황당함을 표현하잖아요. 이런 감정을 미국인들은 어떻게 표현할까요? 여러분이 해외에서 생활하면서 황당한 일을 겪게 될 때, 오늘 표현을 유용하게 활용해보시길 바랄게요!

● **That's absurd!**

어이가 없네!

★ absurd : 어이없는

● **That's ridiculous!**

웃기는 소리 하네!

★ ridiculous : 웃기는

● **That's ludicrous!**

터무니없네!

★ ludicrous : 터무니없는

● **What in the world?**

세상에 그런 게 어딨어요?

● **What the heck?**

그게 뭐야?

● **What the···.**

뭐야···.

★ f로 시작하는 욕을 생략한 표현이에요.

▶ YouTube TALK

구독자 코멘트

**미드를 보면 That's bulls*it이라는 말을 많이 쓰던데,
그 표현은 어떤가요?**

👍 👎

올리버쌤 제가 만난 한국 친구들 대부분이 bulls*it이 나쁜 욕인지 모르고 사용하더라고요. 아마 한국어로 번역하면 '황소똥'으로 아주 귀엽게 들려서 그런 것 같아요. 그런데 생각보다 꽤 강한 욕입니다. 따라서 어른 앞이나 어린이들 앞에서 쓰면 분위기가 어색해질 수 있어요. 많은 사람들이 그런 상황을 피하려고 이니셜로 That's BS라고 하기도 하는데, 그것보다는 bullcrap 혹은 그냥 bull이라고 하는 게 좀 더 부드럽게 들려요. 혹시 이 표현을 말할 때 아주 강조를 하고 싶으면 load of를 추가해 보세요.

- Sounds like a load of bull to me.
  그게 말이야, 방구야.

034 너 진짜 '재수없다'

A Hey. Are you friends with Minsu?
야, 너 민수랑 친구야?

K Minsu? Yes.
민수? 응!

But he is unlucky.
▶ **의도:** 그런데 걔 좀 재수없어.

A Unlucky? What do you mean?
그게 무슨 말이야?

K 재수없다고! Unlucky!

 한국 사람들이 '재수없다'고 말할 때 여러 가지 의미가 있는 것 같아요. 일진이 사나워서 운이 없을 때와 잘난 척해서 재수가 없을 때! 물론 운이 없는 사람을 말할 때는 unlucky라고 할 수 있겠지만, 밥맛 없는 사람에게는 다른 표현을 써야겠죠? 미국인들은 자기 생각으로만 꽉 차고, 남보다 자기만 알고, 세상이 자기중심으로 돌아간다고 여기고, 자기가 제일 잘났다고 생각하는 사람을 주로 재수없다고 생각합니다. 그래서 그런 사람을 full of yourself라고 하죠. 주위에 재수없는 사람이 있나요? 그 사람을 떠올리면서 표현을 익히면 더 기억에 잘 남을 수도 있겠네요. 😊

● **You're so** full of yourself.

너 재수없어.

● **Do you ever think of anyone else? You're so** full of yourself.

다른 사람 생각 한 번이라도 해봤어? 너 진짜 재수없다.

● **Stop being so** full of yourself!

재수없는 짓 좀 그만해!

● **That guy is always talking about how great he is. He's so** full of himself.

저 남자는 항상 잘난 척해. 재수없어.

● **That guy is so** full of himself.

그 남자 정말 재수없어.

● **She's so** full of herself.

그 여자 정말 재수없어.

▶ YouTube TALK

구독자 코멘트

You're so full of it이라고 하면 무슨 뜻이에요? 이것
도 재수없다?

👍 👎

 올리버쌤 비슷하게 생겼지만 재수없다는 뜻이 아니에요. 사실 You're
so full of it에서 it은 crap(똥)을 의미하거든요. 직역하면 '넌 똥으로 가
득 차 있구나'라고 이해할 수 있겠지만, 진짜 뜻은 '넌 거짓말밖에 안 한
다'입니다. 좀 거칠게 말하는 분들은 crap 대신에 s로 시작하는 단어로
대체해서 말해요. s로 시작하는 단어가 뭐냐고요? 음… 제가 말 안 해드
려도 잘 아실 것 같은데요? 😄 (힌트 : 쉿….)

- Don't listen to her. She's full of it.
  걔 말 듣지 마. 입만 열면 거짓말이야.

- Do you think he's full of it?
  너 걔가 입만 열면 거짓말한다고 생각해?

- Nobody will listen to you because they think you're full of it.
  입만 열면 거짓말만 한다고 생각하니까 아무도 네 말 안 들어줄 거야.

139

035 오늘 '쫙 빼입었네'

A **Hey. Are you going on a date tonight?**
야. 너 오늘 데이트 있어?

K **Yes. I'm going on a date with Susan.**
응. 수잔이랑.

A **So that's why you're dressed to kill.**

K **Kill? 죽인다? 칭찬이야 뭐야…?**

★ 오늘 저녁에 데이트 약속 있으신가요? 아니면 친구들과 즐거운 저녁
을 보낼 예정인가요? 좋은 약속이 있을 때 좋은 옷을 차려입고 거울
을 보면 세상에서 내가 제일 멋지죠? 그럴 때 단순하게 '멋지다' '좋
다'라고만 하면 뭔가 부족한 느낌이 들잖아요. 그래서 우리는 '죽여주
게 입었다' '쫙 빼입었다'와 같은 재미있는 표현을 사용해요. 영어도
마찬가지입니다. 다양하고 재미있는 표현을 알려드릴게요. 멋지게 차
려입은 거울 속 본인에게, 혹은 멋지게 꾸민 친구에게 사용해봅시다.

● **You're dressed to kill.**

죽여주게 차려입었네.

★ dressed to kill : 죽여주게 입었다

● **You're all dressed up.**

쫙 빼입었구나.

★ 남녀 구분 없이 사용 가능해요.

● **You look like a million bucks.**

재벌 2세 같다.

★ 부티 나게 차려입었을 때

● **You look really sharp in that suit.**

수트발 잘 받네.

★ 수트를 입은 남자를 향한 최고의 칭찬

● **You're looking fly today son.**

오늘 아주 근사하네.

★ son : 남자끼리 쓰는 친구라는 뜻의 은어

YouTube TALK

 구독자 코멘트
촌스럽다고 할 때는 old-fashioned 이런 식으로 말하면 되나요? 오래된 게 아니라 옷이 그냥 촌스럽다고 말하고 싶은데.

👍 👎

 　올리버쌤　 old-fashioned는 오래된 스타일이라는 뜻입니다. 꼭 옷뿐만 아니라 행동 양식도 말할 수 있어요. 예를 들어 남자가 여자를 위해 차 문을 열어준다든지, 키보드 대신 아직도 자판이라는 말을 고집한다든지 등의 구식 행동들요.

사실 옷이 촌스럽다고 하는 것은 패션 스타일이 별로라는 거잖아요? 꼭 옛날 스타일을 말하려는 게 아니라면 간단하게 unfashionable이라고 할 수 있겠어요. 그런데 너무 눈에 띄게 촌스럽거나, 조잡하게 촌스럽다면 tacky라는 어휘를 써볼 수도 있습니다. 만약 제 친구가 하얀 양말 위에 샌들을 신고 왔다면, 저는 이렇게 말할 것 같아요.

- Wow. You're so unfashionable today. Why are you wearing socks with sandals? That's so tacky.
  야. 너 진짜 오늘 패션 별로다. 왜 샌들에 양말을 신었어? 완전 촌스럽잖아.

036 이거 '몸에 좋은 거야'

K **Hey. Let's go eat some eel today.**
야. 우리 오늘 장어 먹자.

A **Eel?**
장어?

K **Yeah. It's good for your body!**
▶ **의도:** 응. 장어 몸에 좋아!

A **···What do you mean by that?**
···그게 무슨 소리야?

K 뭐야. 싫으면 됐어! 나 혼자 먹는다!!

 한국에서 생활하는 동안 미국에서 한 번도 먹어보지 못했던 음식을 많이 접할 수 있었어요. 장어구이, 오리고기, 회덮밥, 육회 등등. 신세계가 열리는 것 같았어요. 그런데 그런 음식을 먹을 때마다 많은 한국인 친구들이 '그거 몸에 좋은 거야!'라고 말했어요. 그 음식에 좋은 영양소가 들어서 먹을수록 건강해진다는 의미죠? 그런데 이 말을 영어로 옮기면 뭐라고 할 수 있을까요? 직역해서 good for body 혹은 good for health라고 하면 상대방이 이해하지 못할 수 있답니다.

● **It's good for your body.**
(X)
⮕ **It's good for you.**
몸에 좋아요.

● **It's good for health.**
(X)
⮕ **It's healthy.**
이거 건강에 좋아요.

● **It's good for circulation.**
혈액순환에 좋아요.
★ 구체적으로 어디에 좋은지 for을 사용해서 말해볼 수 있어요.

● **It's good for your skin.**
피부에 좋아요.

● **It's good for your eyes.**
눈에 좋아요.

● **This drink is good for your digestion.**
이 음료수 소화에 좋아요.

▶ YouTube TALK

구독자 코멘트
good for your body는 원어민에게 어떻게 들리나요?
👍 👎

> [올리버쌤] 문법적으로 틀린 표현은 아닙니다. 하지만 좀 어색하게 들릴 수 있어요. 한국어로 '몸'이라고 하면 육체와 건강을 연결해서 떠올릴 수 있는 반면 영어로 body는 육체, 몸 모양 등을 연상시키는 경향이 큰 편이거든요. 그래서 good for body라고 하면 몸에 어떤 식으로 좋다는 건지 구체적으로 와 닿지 않아요. 제가 알려드린 표현이 좀 더 빈번하게 사용되니 잘 알아두시면 좋을 것 같아요.

037 내가 니 '시다바리'가

A Hey. Could you bring me some water?
야, 나 물 좀 갖다줄래?

K Here's your water.
여기 있어.

A Oh. You forgot ice.
아. 얼음이 빠져 있잖아.

K 우씨! I'm not your shidabari!
▶ **의도:** 내가 네 시다바리야?

A What…?
뭐?

문화 차이 때문인지 미국에서는 나이나 직위로 상하 관계를 정하고 상대방을 함부로 대하는 경우가 한국보다 적긴 해요. 한국 사람들은 한민족이다 보니 굳이 뭘 말하지 않아도 서로 잘 이해하고 통하는 경우가 많은데, 다양한 문화권에서 온 미국인들은 비교적 그렇지가 않거든요. 그래서 무엇보다 상대방을 존중하는 태도가 가장 우선이랄까요? 그래서 일 문화에서는 '돈 받는 만큼 일한다'라는 개념이 커요. 그래서 추가 보수를 받지 않으면 야근도 하지 않고, 억지로 회식도 잘 가지 않는답니다.

그래도 부당한 대우가 전혀 없다고 말하기는 힘들 것 같아요. 어디서나 눈치 없고 예의 없는 사람이 있을 수 있으니까요. 부당한 대우를 겪을 때 쓸 수 있는 표현을 모아봤어요. 인내심에 한계를 느낄 때 꼭 한번 써보세요.

● **I'm not your servant.**

난 네 부하가 아니야.

★ servant : 부하, 시종, 하인

● **I'm not your slave.**

난 네 노예 아니야.

★ 위 표현보다 강한 표현이에요.

● **You're not my boss.**

내 보스도 아니면서.

● **Stop bossing me around.**

보스인 척 작작 해라.

● **Don't tell me what to do.**

이래라저래라 하지 마.

● **Do it yourself.**

너 님이 직접 하세요.

● **10 dollars and I'll do it.**

10달러 주면 할게.

▶ YouTube TALK

구독자 코멘트
F*ck yourself라고 하면 너무 강한가요?
👍 👎

 네, 그건 아주 심한 욕이에요. 화가 많이 났을 때 사용하죠. 상대방이 나를 함부로 대할 때 아주 화나는 것은 저도 어느 정도 공감해요. 몇 년 전에 어떤 어플리케이션을 만든 사람과 알게 되었어요. 저보다 나이가 좀 많은 분이었는데, 제가 영어, 스페인어, 한국어를 잘하는 것을 알고 어플리케이션 관리업무를 할 수 있는 '기회'를 주고 싶어 하셨어요. 그런데 월급은 15만 원 주신다고 하지 뭐예요. 그게 말로만 듣던 열정페이였던 걸까요? 저도 너무 황당하고 화가 났었어요. 하지만 이렇게 화가 날 때도 위 표현은 지나치게 심한 욕이라는 점 꼭 기억하세요. 참고로 한 단계 낮은 표현으로는 Screw you가 있습니다.

038 나 살 빠진 거 '티 나?'

A I've been working out these days.

나 요즘 운동해.

K Oh··· really?

오··· 진짜?

A Yeah? Can you tell?

K Tell? 말할 수 있냐고?

 ★ 미국인들이랑 대화할 때 혹은 미드를 볼 때 I can't tell이라는 말 들어보셨어요? 혹시 '말할 수 없어'라고 이해하셨나요? 사실 이 표현에서 tell은 '알아본다'는 의미로 해석해야 자연스러워요. 가장 비슷한 한국말 표현을 찾자면 '티 난다'인 것 같네요. 따라서 운동을 열심히 한 친구가 Can you tell? (티 나?)이라고 물을 때는 I can tell (티 나)이라고 대답해주면 좋아요. 친구가 더 신나서 열심히 운동할 수 있도록요.

● **I lost weight. Can you tell?**

나 살 빠졌어. 티 나? (= 알아보겠어?)

● **I can't tell.**

티 안 나는데. (= 못 알아보겠다.)

● **I can tell you've been studying English.**

너 영어 공부 열심히 한 거 티 난다.

● **I can tell she's hungry.**

걔 배고파하는 거 티 나.

● **I can't tell the difference.**

차이가 티 안 나요. (= 구분 못 하겠어요.)

● **I can't really tell what's going on.**

무슨 일이 일어나는 건지 알 수가 없네.

▶️ **YouTube TALK**

 구독자 코멘트

**noticeable도 사용할 수 있나요? 어떻게 다른지 알려
주세요.**

[올리버쌤] 의미상으로는 비슷해요. 그래서 상황에 따라 noticeable도
사용할 수 있어요. 그런데 살쪘다고 하는 친구에게는 That's noticeable
이라는 말 대신 I noticed라고 하는 게 좋을 것 같아요. I noticed라고 하
면 '내가 보기엔 그러네'라는 뉘앙스가 있지만 That's noticeable이라고
하면 '누구나 봤을 때 다 느낄 것 같다'는 뉘앙스가 들어 있거든요. 느낌
차이에 유의하면서 사용해보는 게 좋겠어요.

039 '내 마음이야'

A Hey. Why are you tearing your book up?

야, 왜 너 책을 찢고 그래?

K It's my mind!

▶ **의도:** 내 마음이야!

A What? You might wanna get your mind checked out.

뭐? 너 정신 검사 좀 받아봐야겠다.

K 뭐? 엥?

나의 막무가내 의지를 표현할 때, 특히 뭔가 무책임한 태도로 말할 때 '내 마음이야'라는 표현을 사용하죠? 이 표현을 영어로 말할 때 mind라는 단어를 사용하면 의미 전달이 잘되지 않을 거예요. mind 는 기분보다 '정신'을 의미하거든요. 상대방이 왜 그러냐고 묻는데 '내 정신이야!'라고 하면 당연히 이해를 못 할 수 있겠죠? 여러분의 의지, 시크함, 귀찮음을 가득 담아 Because I can이라고 해보세요.

A **Why did you do that?**

너 왜 그러냐?

B **Because I can.**

내 맘이야.

A **Why did you wear that suit?**

너 왜 양복 입었냐?

B **Because I can.**

내 마음이야.

A **Why did you randomly get a new car?**

너 갑자기 차는 왜 뽑았어?

B **Because I can.**

내 맘이지.

A **Why did you eat all the ice cream?**

너 왜 아이스크림 다 먹어버린 거야?

B **Because I can.**

내 맘이지.

YouTube TALK

 구독자 코멘트

It's not your business라는 표현도 비슷하게 사용하지 않나요?

👍 👎

 올리버쌤 물론 같은 상황에서 그 표현을 사용하는 사람도 있을 것 같아요. 하지만 Because I can과 의미와 느낌이 다릅니다. It's not your business 표현은 '내 일에 신경 꺼!'라는 뜻이거든요. 저라면 제 사생활에 지나치게 관심이 많은 친구에게 사용할 것 같아요. 물론 사장님에게는 편하게 쓰기 힘들겠지만요. 이 경우에 business는 사업이 아닌 '개인의 신경 쓸 일'로 이해하면 적절한데요, 여러분이 더 잘 활용할 수 있게 비슷한 표현을 몇 개 더 알려드릴게요.

- Stay out of other people's business.
  남들 일에 신경 쓰지 마.

- That's none of your business.
  네가 신경 쓸 바 아니잖아.

- Mind your own business.
  네 일에나 신경 써라.

040 '녹초가 됐어'

K **Would you be down for some curry?**
우리 같이 카레 먹을래?

A **I just got off work and I'm pooped.**
나 이제 퇴근했는데 완전히 지쳤어.

K **Pooped?**
▶ **이해:** 똥 쌌다고?

A **Yes. I'm really pooped out.**
응, 나 엄청 지쳤어.

K **뭐야! 식욕 떨어졌잖아! 카레 먹는데 왜 똥 얘기를 해!**

혹시 미국인 친구와 대화하다가 I'm pooped라는 표현을 들어본 적 있으세요? 혹시 그 표현을 들을 때마다 '똥 쌌다'라는 뜻으로 오해하셨나요? 아이고, 그런 뜻이 아닙니다. be 동사가 들어 있기 때문에 자신의 상태를 표현하는 의미로 이해해야 해요. 따라서 '완전히 지쳤다' '녹초가 됐다'와 같은 의미로 해석하는 게 정확해요. 사실 격식 있는 표현은 아니라서 공식적인 자리에서는 쓸 수 없겠지만 친구들끼리 아주 재미있게 쓸 수 있답니다.

● **I**'m pooped.
나 지쳤어.

★ 나 똥 쌌어. X

● **I**'m **really** pooped **out**.
나 엄청 지쳤어.

★ 나 엄청 똥 쌌어. X
★ out 생략하고 be pooped로도 사용 가능해요.

● **You must** be pooped.
너 지쳤겠네.

★ 너 똥 쌌겠네. X

● **You** look pooped **out**.
너 지쳐 보여.

★ 너 똥 싼 것처럼 보여. X

● **I** feel **really** pooped **out after that marathon.**
나 마라톤 뛰어서 완전 지쳤어.

★ 마라톤 뛰고 똥 쌌어. X

● **He said he**'s pooped **so he**'s staying home.
오늘 걔 피곤해서 집에 있겠대.

★ 오늘 걔 똥 싸서 집에 있겠대. X

YouTube TALK

구독자 코멘트
정말 똥 쌌다고 말하고 싶을 때는 pooped를 어떻게 쓰면 되나요?

👍 👎

올리버쌤 오늘 쾌변한 것을 자랑하고 싶은 건가요? 😊 그렇다면 be 동사를 빼고 I pooped라고 하면 됩니다. 만약에 똥을 아주 많이 쌌다면 I took a huge dump라는 말도 사용할 수 있어요. 사실 dump가 폐기장이라는 뜻을 가진 명사이긴 한데 take a dump라고 하면 '똥을 싸다'라는 뜻이 되거든요. 혹시 핵폭탄급으로 많이 싸셨다면 I took a massive dump라고 하시면 됩니다. 오늘부터 여러분의 똥 양에 따라 다양한 표현 써볼 수 있겠네요. 여러분의 친구들과 쾌변 정보를 재미있게 공유해보세요!

★ QUIZ 퀴즈

001	혹시 그 사람 전화번호 아세요?
002	그냥.
003	어이가 없네!
004	너 재수없어.
005	수트발 잘 받네.
006	몸에 좋아요.
007	난 네 부하가 아니야.
008	차이가 티 안 나요.
009	내 맘이야.
010	나 엄청 지쳤어.

Do you know his number by any _____ ?

Just _____ .

That's _____ !

You're so full of _____ .

You look really _____ in that suit.

It's _____ for you.

I'm not your _____ .

I can't _____ the difference.

_____ I can.

I'm really _____ out.

올리버쌤의
영어공부팁
④

유튜브 채널 구독자들이

가장 많이 하는 질문에 대한

올리버쌤의 답변

Q_____

왜 한국 사람들은 영어 발음이 안 좋을까요?

A_____

한국 학교에서 학생들을 가르칠 때 놀라운 경험을 한 적이 있어요. 아이들에게 bad와

bed를 알려줬는데 그 발음 차이를 전혀 모르더라고요. 처음에는 장난친다고 생각했는

데, bad를 발음할 때와 bed를 발음할 때의 소리를 한글로 정확히 표현할 수 없다 보니

영어 선생님도 그 소리를 모르고, 자연스럽게 아이들도 안 배워서 몰랐던 거였어요.

저도 한국어를 배울 때 발음 때문에 아주 고생했어요. 예를 들어 영어에는 [어] 소리가

없어요. 그냥 존재하지 않아요. 한국어 교재에 [어] 소리를 알려주기 위해 알파벳 표기

가 되어 있긴 했지만 완벽하지 않았어요. 그래서 [먹다] [걷다] [어머니]와 같은 단어

를 발음하는 데 아주 애를 먹었죠. [으] 소리도 마찬가지예요. 알파벳으로 열심히 표기

한 부분이 있었지만 [우] 소리와 너무 혼동되었어요. 발음이 너무 안되다 보니 처음에

는 '나는 왜 안될까? 혀가 달라서 그런가?'라고 생각했어요. 너무 답답했죠. 그런데 나

중에 생각해보니 애초에 한국말을 영어 알파벳으로 배우려고 한 게 문제였어요. [으]

160

[어] [의] [빨] [팔] 같은 소리는 한글로만 정확하게 묘사할 수 있는데, 영어에 적합한 알파벳으로 배우려고 하다 보니 어색하고 어려울 수밖에 없었던 거였죠.

이것을 깨닫고 보니 많은 한국 학생들도 영어를 배울 때 똑같은 실수를 하고 있는 게 보여요. 많은 영어 책에서 발음 표기를 한글로 하고 있으니까요. 예를 들면 How are you doing을 [하우 아 유 두잉]이라고 하는 것처럼요. 어떤 사람들은 한국 사람들이 영어를 쉽게 배우려면 한글을 사용해야 한다고 하지만 저는 반대로 생각해요. 만약 스페인어를 쓰는 사람이 이탈리아어를 배우는 상황에서는 어느 정도 괜찮을 수 있겠어요. 언어의 소리가 거의 유사하거든요. 하지만 영어와 한국어는 전혀 달라요. 영어는 44개의 음소를 사용하는 반면, 한국어는 28개의 음소를 사용해요. 따라서 한글을 통해서 영어의 소리를 이해하려고 하는 것은 마치 28개의 홈이 파인 열쇠를 44개의 홈이 파인 자물쇠에 넣고 돌리려고 하는 것과 같아요. 자물쇠가 돌아갈까요? 맞물리는 부분이 절반 정도에 불과하니 절대 돌아갈 리가 없겠죠.

만약 영어 발음을 원어민처럼 하길 원한다면, 영어 소리도 원어민만큼 들을 수 있어야 해요. 그 목표를 성취하고 싶다면 영어를 배울 때 절대 한글을 사용하지 마세요. 말하기와 듣기만큼은 처음부터 원어민 혹은 원어민만큼 발음을 구사할 수 있는 사람에게 배우는 것을 권합니다. 이미 한국 사람에게 영어 발음을 배웠고, 시기를 좀 놓친 것 같아도 크게 걱정하지 마세요. 훈련으로 극복할 수 있으니까요. 'minimum pair'라는 연습을 시작해보세요. bed, bad같이 비슷하게 생겼지만 중간에 소리가 하나 다른 단어를 계속 반복해서 들어보는 거예요. 처음에는 둘 다 [배드]로 들리겠지만 훈련을 하다 보면 조금씩 그 차이가 들리기 시작할 거예요.

알아요, 이 훈련이 좀 재미없을 수 있어요. 하지만 여러분 귀를 영어에 맞게 튜닝하는 과정이라고 생각해보세요. 튜닝을 더 열심히 할수록 영어의 소리가 더 깨끗하고 정확하게 들리기 시작할 거예요. 그럼 자연스럽게 듣기와 발음 실력도 좋아질 수밖에 없겠죠. 자, 왠지 지금 당장 튜닝을 시작해보고 싶지 않으세요?

Lesson 5

미국 문화로
한 발 더 들어가는
표현들

Oliver's English

041 영어에는 '잘 먹겠습니다'라는 말이 없다

K 야, '잘 먹겠습니다'를 영어로 뭐라고 해?

A Um… well….
글쎄… 음….

K 뭐야, 몰라? 너 원어민 맞아?

A What?
뭐?

 음식에 대한 감사함을 표시하는 인사말로 '잘 먹겠습니다'라는 말을 쓰죠? 많은 분들이 이 말을 영어로는 어떻게 하는지 궁금해하는 것 같아요. 아마 원어민 친구에게 물어보거나 인터넷으로 찾아본 분들이 꽤 많을 것 같네요. 하지만 아마 속 시원한 정답은 찾을 수 없었을걸요? 왜 그럴까요? 믿기 어렵겠지만, 사실 영어로 그런 말은 존재하지 않아요. 한국, 일본, 스페인, 프랑스에는 있는 표현이 미국에는 없는 게 저도 의아하긴 하네요. 아무튼! 미국에서는 별다른 인사말 없이 그냥 식사를 시작해도 됩니다. 혹시 말없이 식사 시작하는 게 어색하다면 이렇게 말해볼 수 있어요.

● **Bon appétit.**

잘 먹겠습니다.

★ 프랑스어를 빌려서 사용해봅시다.

● **Enjoy your meal.**

맛있게 드세요.

★ 식사 상대나 식당 손님에게 쓸 수 있는 표현이에요.

● **Let's eat!**

먹어요!

● **Dig in!**

먹자!

★ Let's eat보다 비격식적인 표현이에요.

● **Thank you for the meal.**

감사히 먹겠습니다.

★ 식사를 대접받은 경우

YouTube TALK

 구독자 코멘트
Help yourself라는 표현은 어떤가요?
👍 👎

 올리버쌤 Help yourself는 '드세요!'라는 뜻으로, 상대에게 먹을 것을 권할 때(offer) 쓰는 표현입니다. 만약 여동생의 생일 파티가 있는 날 친구가 갑자기 집에 놀러 왔어요. 테이블에 남은 생일 케이크가 너무 맛있어 보이는지 친구가 자꾸 흘깃 쳐다본다면 저는 Help yourself to some cake!(케이크 마음껏 먹어!)라고 할 것 같아요. 그런데 문장 앞머리에 feel free를 추가해서 Feel free to help yourself to some cake라고 할 수도 있습니다. feel free를 덧붙이면 뭔가 부담을 안 주면서 마음 편하게 행동하라는 느낌을 풍길 수 있거든요. 여러분이 나누고 싶은 음식이 생겼을 때 바로 써볼 수 있도록 추가 문장을 소개해드릴게요.

- Help yourself to some pizza.
  피자 드세요.

- Feel free to help yourself to some pizza.
  부담 느끼지 말고 피자 마음껏 드세요.

- Help yourself to some ice cream.
  아이스크림 드세요.

- Feel free to help yourself to some ice cream.
  부담 갖지 말고 아이스크림 편하게 드세요.

042 '더치페이'라고 하면 못 알아듣는다

K Hey. We Dutch pay. Okay?

▶ **의도:** 야, 우리 더치페이 하자.

A Dutch?

K Yes. Dutch.

▶ **의도:** 응. 더치페이.

A What? I'm not Dutch. I'm American.

뭐? 나 네덜란드 사람 아니야. 미국사람이라고.

K 엥…?

친구나 애인이랑 같이 밥 먹고 더치페이 할 때 있죠? 그 더치페이를 영어로 뭐라고 할까요? 많은 분들이 Dutch pay라고 하지만, 이 표현은 콩글리시입니다. 아마 이렇게 말하면 '네덜란드 사람이 비용을 낸다'라고 이해할 수도 있어요. 단지 계산을 반반 하자고 말하고 싶은 건데 어떻게 말하면 될까요? 한국 사람들에 비해 미국인들은 식사비용 계산에 대해 좀 더 편하게 말하는 편이에요. 많이 사용되는 표현만 골라 알려드릴게요!

EXPRESSIONS 이렇게 말해보세요

● **Let's go Dutch.**

더치페이 하자.

★ 네덜란드 가자는 뜻이 아닙니다.

● **Let's split the bill.**

나눠서 계산하자.

★ split : 몫 등을 나누다

● **How about splitting the bill?**

나눠서 내는 게 어때?

● **I'll pay for mine.**

내 것은 내가 낼게.

● **We'd like separate checks, please.**

저희 계산서 따로 해주세요.

★ 종업원한테 쓸 수 있는 표현

● **I got the cheeseburger and fries.**

저는 치즈버거랑 감자 튀김 먹었어요.

★ 이렇게 자기가 먹은 음식을 말하면 종업원이 알아서 따로 계산해주겠죠?

▶ YouTube TALK

구독자 코멘트

한국은 아직도 각자 내자는 말을 쉽게 꺼내지 못하는 분위기예요. 미국에선 자연스러운 문화인가요?

올리버쌤 미국에서는 따로 계산하는 게 좀 더 쉬운 편인 것 같아요. 여러 가지 이유가 있겠지만 제가 생각하는 가장 큰 이유는 음식 문화의 차이예요. 한국에서는 여러 사람이 식사를 할 때 다양한 메뉴를 시켜 다 같이 나눠 먹는 경우가 많잖아요. 예를 들어 삼겹살도 한 화로에 구워 먹고, 닭찜도 큰 그릇에 나와서 함께 나눠 먹죠. 그래서 따로 계산하기가 번거로워지고 결국 한 사람이 내는 경우가 많은 것 같아요. 반대로 미국에는 나눠 먹는 문화가 없고 애초부터 개인 접시로 음식을 먹는 경우가 대부분입니다. 그래서 계산서를 따로 달라고 요청할 수도 있고, 자기가 먹은 것만 따로 계산하기도 쉬워요.

043 힘을 북돋아주는 표현 '파이팅'이 아니다

K **Fighting! 힘내라! 화이팅!**

A **Oh! So you wanna fight?**
오! 한 판 뜨자고?

K **엥?**

A **Let's do it!**
붙자!

K **으악!! 도망가자!!!**

★ 상대방에게 힘을 주고 싶거나 응원할 때 파이팅이라고 말하죠? 파이팅이 영어로 들리긴 하지만, 미국인에게 fighting이라고 말하면 의도를 이해하지 못할 가능성이 큽니다. 힘을 북돋아주기 위해 쓰는 표현이 따로 있기 때문이에요. 여러 상황에서 쓸 수 있는 파이팅과 달리, 영어로는 상황에 따라 다른 표현을 사용해요. 경기장에 가서 좋아하는 팀을 응원할 때, 친구에게 응원 한마디를 해주고 싶을 때 다음 표현을 사용해보세요.

● **You can do this!**

할 수 있어!

● **Let's go Tigers!**

힘내라, 타이거팀!

● **Alright. You got this!**

좋아. 가는 거야!

● **There you go!**

잘한다!

★ 상대방이 잘하고 있을 때

● **Hang in there!**

조금만 더 버텨!

★ 상대방이 힘들어할 때

● **Break a leg!**

행운을 빌어!

★ 이 표현은 주로 배우나 음악가들이 공연할 때 사용합니다.
Break a leg의 유래가 궁금하신가요? 옛날에는 행운을 비는 것
자체가 불행을 부를 수 있다고 생각했어요. 그래서 상대방에게
힘을 불어넣어줄 때 나쁜 말로 '다리 부숴!'라고 하게 된 거래요.

▶ YouTube TALK

구독자 코멘트
Way to go는 어떤가요?
👍 👎

⮕ 올리버쌤 Way to go는 '잘했어!' '참 잘했어요'라는 의미로 쓰는 표현입니다. 상대방이 뭔가를 만족스럽게 잘 해냈을 때 칭찬하면서 사용해볼 수 있어요. 그래서 뭔가를 실패하거나 잘못한 사람에게 Way to go라고 하면 안 됩니다. 빈정대면서 비꼬는 의미로 들릴 수 있으니까요. 실제로 많은 원어민들이 비꼬는 용도로 이 표현을 많이 써요. 만약 제 고양이 크림이 테이블에서 점프하다가 컵을 깨버리면 저는 Oh, you destroyed my coffee mug! Way to go, Cream!(아이고, 내 커피컵을 망가트렸군! 참 장하다, 크림!)이라고 할 거예요.

044 '외국인 친구'를 살갑게 표현하는 방법

A So do you like living in Texas?
텍사스에 사는 거 좋아?

K Yes. I made a lot of foreign friends.
응. 외국인 친구도 엄청 사귀었어.

A Foreign friends? … Why don't you spend more time with locals?
외국인 친구? 여기 현지인들이랑 더 시간을 보내는 게 어때?

K 엥? 내 외국인 친구들 다 미국인인데?!

 한국말에서 '외국인'은 '한국인이 아닌 사람'이라는 개념이 큰 것 같아요. 그래서 프랑스 사람, 영국 사람, 미국 사람, 나이지리아 사람, 이집트 사람, 베트남 사람, 일본 사람 등등 한국인이 아닌 모든 사람을 그냥 '외국인'이라고 뭉뚱그려서 말할 수 있죠. 단일민족이다 보니 민족적인 개념이 커서 그런 걸까요? 영미권 나라는 민족적인 개념이 한국만큼 강하지 않아서 그런지는 모르겠지만, 가능하다면 국적을 말하는 데 비중을 더 크게 둡니다. 보통 국적을 정확하게 말하거나 international, global 등의 단어를 자주 사용해요.

● **I want to make** global friends.

외국 친구 사귀고 싶어.

★ foreign friend보다 더 자연스러워요.

● **I want to make** friends from all over the world.

다른 나라에서 온 친구들을 사귀고 싶어.

● **I want to meet** people from other countries.

다른 나라에서 온 사람들 만나보고 싶어.

● **His girlfriend is** from France.

그 사람 여자친구 프랑스에서 왔대.

● **She's** from Saudi Arabia.

걔 사우디아라비아에서 왔어.

★ 정확한 국적을 말하는 게 더 자연스러워요.

● **There are many** international students **at my university.**

저희 학교에는 외국인 학생들이 많아요.

★ foreign students보다 더 자연스러워요.

YouTube TALK

 구독자 코멘트

그럼 foreign이나 foreigner는 언제 사용하나요?

👍 👎

 올리버쌤 '외국'이라는 의미로 사용할 수 있어요. 여러분이 foreign, foreigner 단어를 써도 문법적으로 틀리지 않기 때문에 말하기 점수에서 감점받는 일은 없을 거예요. 다만 제가 알려드린 표현보다는 비인격적인 뉘앙스가 강합니다. 그래서 보통의 경우에는 제가 알려드린 표현을 사용하는 것이지요.

앗, 그리고 많은 한국 사람들이 외국인 친구를 말할 때 foreigner friend 라고 하더라고요. foreigner 자체가 명사라서 friend 앞에 쓰면 문법적으로 어색하게 들립니다. 대신 형용사인 foreign 단어를 써야 해요. My friend is a foreigner and she drives a foreign car in a foreign country. 그러니까 '내 친구는 외국인이고 외국 차를 외국에서 운전한다'는 뜻이죠. 어느 정도 감이 잡히나요?

045 미국에도 바바리맨이 있다

A **Hey, man. What's up?**
야, 무슨 일이라도 있어?

K **I saw a burberry man!**
▶ **의도:** 방금 오는 길에 바바리맨 봤어.

A **Burberry man? What do you mean by that?**
바바리맨이라니? 무슨 소리야?

K **변태 봤다고, 이 답답아!**

 알몸 위에 큰 재킷만 걸치고 다니다가 갑자기 노출하는 변태를 한국 말로 '바바리맨'이라고 하죠? 한국에 서식하는 변태들이 좋아하는 의류 브랜드를 암시하는 표현인 것 같네요. 미국에서 서식하는 변태들의 취향은 조금 다른가 봐요. 그래서 burberry man이라고 부르지 않고 flasher라고 합니다. 혹시 미국에서 이 변태들을 경찰에 신고할 일이 있을 때 이 표현을 유용하게 써보세요.

● **I saw a flasher today. I'm scarred for life.**

오늘 바바리맨 봤어. 평생 생각날 것 같아.

● **The police caught the flasher and arrested him.**

경찰이 바바리맨 잡아서 체포했대.

● **Frank was a flasher for Halloween.**

프랭크가 할로윈에 바바리맨으로 분장했어.

● **Quick! Catch that flasher!**

빨리! 그 바바리맨 잡아!

● **My boss went to jail for flashing in a restaurant.**

우리 사장님이 식당에서 바바리맨 하다가 감옥 갔어.

● **Don't you know flashing is illegal?**

바바리맨 하는 거 불법인지 모르십니까?

▶ YouTube TALK

구독자 코멘트

flesh에 '살'이라는 뜻이 있어서 그렇게 부르는 건가요?

👍 👎

┏━━━━┓
┃ 올리버쌤 ┃ 음. 여러분 귀에 발음이 비슷하게 들려서 그렇게 생각하실
┗━━━━┛
수도 있긴 하겠네요. 게다가 flasher(바바리맨)들은 자신의 flesh(살)를
flash(노출)하는 거니까 말이 되는 것 같기도 하고…. 하지만 직접적으
로 flesh(살)와 관련돼서 나온 표현은 아닙니다. 카메라에 달린 플래시
(flash)를 떠올려보세요. 순간 강한 빛을 뿜어내며 반짝거리죠? 이것과
변태들의 순간 노출이 닮아서 이런 명칭이 생겼다고 이해해보세요. 기억
이 더 오래갈 것 같네요.

046 guns, '총'이라는 뜻이 아니다

A1 Hey, man. I heard you have some big guns.
> ▶ 오해: 야, 너한테 큰 총 있다며.

A2 Yeah! I work out my guns every day!
> ▶ 오해: 응! 매일 내 총을 단련하지!

A1 Wow! Can I see your guns?
> ▶ 오해: 와! 네 총 좀 봐도 되냐?

K 헉! 쟤네들 위험한 애들인가 봐! 같이 놀면 안 되겠다!

 ★ gun! 총이라는 뜻이죠? 맞아요. 하지만 이 뜻으로만 알고 있으면 재미있는 대화를 놓칠 수 있어요. 미국인들이 자신의 큰 알통을 말할 때 이 단어를 사용하기도 하니까요. 아마 운동하고 몸을 키우는 것을 좋아하는 미국인이 많다 보니 이런 재미있는 표현도 생겼나 봐요. 여러분도 혹시 운동을 열심히 해서 큰 알통이 생기면 재미있는 표현으로 자랑해볼 수 있겠죠? 그런데 주의! 알통을 의미할 때는 꼭 복수 형태로 guns라고 해야 합니다. 보통 알통은 두 개가 있으니까요.

● **Check out my guns!**

내 알통 좀 봐!

★ 내 총 좀 봐! X

● **Did you see his guns?**

그 친구 알통 봤나?

★ 그 친구 총 봤냐? X

● **I work out my guns every day.**

나는 매일 알통을 단련하지.

★ work out : 운동하다

● **Do you have tickets to the gun show?**

알통 쇼 티켓 있습니까?

★ the gun show : 총기 쇼 보러 가자는 뜻이지만 중의적으로 사용 가능.
촌스러운데 유명한 표현이에요.

● **What happen to your guns?**
Did you stop working out?

네 알통 어떻게 된 거야? 요즘 운동 안 해?

★ 알통이 작아진 친구에게 쓸 수 있어요.

 **YouTube TALK**

 구독자 코멘트
어느 나라나 남자들 근육 자랑하는 건 똑같은가 봐요.
👍 👎

 올리버쌤 맞아요. 운동하고 나서 자랑하고 싶은 마음은 국경을 초월하나 봐요. 그런데 지나치게 운동만 생각하고, 자나 깨나 단백질 파우더만 생각하는 건 좀 미련해 보이겠죠? 이런 경우에 미국 사람들은 meathead라는 표현을 사용해요. 직역하면 '고기머리'이지만 머릿속까지 근육(?)으로 가득 찬 사람들을 놀리면서 부르는 말입니다. 한국어로도 재미있는 표현이 있나요?

- He looks like a typical meathead, but he's smart.
  그 사람 무식한 근육쟁이처럼 보여도 똑똑해.

- That gym is full of meatheads.
  그 헬스장은 무식한 근육쟁이들로 가득해.

- She prefers smart guys over meatheads.
  걔는 무식한 근육쟁이보다는 유식한 남자를 선호해.

047 미국인이 자꾸 염소 소리를 내는 이유

K **What did you do last weekend?**
주말에 뭐 했어?

A **I watched that new horror movie.**
최근에 나온 그 공포영화 봤어.

K **So how was it?**
어땠는데?

A **It was meh….**

K 메? 염소 영화라도 본 거야?

뭔가 실망스럽고 기운이 빠질 때 '별로야'라는 말을 많이 쓰죠? '기분 별로야…' '그 영화 별로야…' 등등. 이 표현을 영어 사전에서 찾아보면 Things could be better라고 나와요. 물론 맞는 말이지만 더 쉽고 재미있는 표현이 있습니다. 그냥 meh(메) 소리를 내는 거예요. 입술을 삐죽이면서 최대한 귀찮은 표정과 게으른 말투를 내는 것이 포인트입니다. 어깨를 들썩이면 더 효과가 있어요. 길게 설명하기 귀찮을 때 쓰기 딱이겠죠? 왕초보도 기억하기 쉬운 표현이니까 재미있게 사용해보세요.

A **How was the movie?**

영화 어땠어?

B Meh···.

별로였어.

A **How's it going?**

오늘 기분 어때?

B Meh···.

별로야.

A **Are you excited about the picnic?**

소풍 가는 거 기대되지?

B Meh···.

별로.

A **How is your day going?**

오늘 잘돼가?

B Meh···.

별로.

YouTube TALK

 구독자 코멘트
외국인이 출연하는 예능에서 ewwwww라는 자막을 봤
어요. 뭔가 부정적인 의미 같긴 했는데, 무슨 뜻인가요?
👍 👎

 올리버쌤 여러분은 뭔가 징그럽거나 더러운 걸 보면 '으으~~'라고 하
시죠? 미국인들은 대신에 ewww라고 해요. 한국말로 '이유'와 소리가
비슷해요. '우웩!'이라고 말하고 싶은 경우에는 yuck(역!)이라고 할 수
있어요. 저는 특히 하수구에 낀 음식물을 뺄 때 이런 소리를 자주 냅니
다. 한두 번 하는 일도 아닌데 볼 때마다 징그러움을 참을 수 없네요. 😫

- Ewww! Look at that bug!
  으으. 저 벌레 좀 봐.

- You drank rotten milk? Ewww!
  너 상한 우유 마신 거야? 으으.

- Yuck! That pig just farted!
  우웩! 저 돼지가 방금 방귀 뀌었어!

048 미국인이 귀여운 거 봤을 때 내는 이상한 소리

K **Your birthday was yesterday. Right?**
어제 네 생일이었지. 그치?

A **Yeah. It was!**
응. 맞아!

K **Well… I got this cat pillow for you.**
그래서 널 위해 고양이 쿠션을 준비했어.

A **Awwwwww.**

K …뭐지? 싫어한다는 의미인가?

 여러분은 귀여운 걸 보면 어떻게 반응하세요? '우와! 귀엽다!'라고 하시죠? 미국인들은 어떻게 반응할까요? 귀여운 걸 봤을 때, 고마움을 느낄 때, 감탄할 때, 동정심을 느낄 때 미국인들이 즐겨 쓰는 특별한 소리가 있어요. 바로 awwww 소리예요. 이 소리를 낼 때의 핵심은 슬픈 듯한 표정이랍니다. 그동안 감탄사로 wow만 써왔다면, 귀여운 것을 봤을 때 오늘 배운 소리도 사용해보세요.

● Awww··· **It's so cute.**
어어··· 귀엽다.

● Awww··· **He's adorable.**
어어··· 사랑스러워라.
★ 귀여운 것을 봤을 때

● Awww··· **Thank you.**
어어··· 고마워요.

● Awww··· **You didn't have to do this.**
어어··· 이러실 필요 없는데.
★ 고마울 때

● Awww··· **Poor thing.**
어어··· 불쌍해라.
★ 동정심을 느낄 때

● Awww··· **I'm so sorry.**
어어··· 안됐네요.
★ 불쌍함을 느낄 때

▶ YouTube TALK

> **구독자 코멘트**
> **우리나라 '헐'과 비슷하게 사용하나 봐요.**
> 👍 👎

올리버쌤 '헐'도 여러분이 많이 쓰는 대표적인 감탄사죠? 하지만 '헐'은 aww보다 좀 더 넓은 범위에서 사용할 수 있는 것 같아요. 거의 모든 상황에서 쓸 수 있는 '헐'과 다르게 aww는 충격받았을 때, 놀랐을 때 쓰면 어색한 점이 많아요. 예를 들어 숙제를 갑자기 많이 내주는 선생님에게 한국말로는 '헐!'이라고 말할 수 있지만, 영어로 awww라고 하면 어색하답니다.

추가로 awww 소리에는 상황에 따라 빈정대거나 놀리는 기능도 있다는 점 잘 알아두세요! 예를 들어 어젯밤에 애인에게 차여서 슬퍼하는 친구에게 웃음 섞인 목소리로 Awww… Poor thing!이라고 하면 아마 놀린다고 생각하고 화낼지도 몰라요.

049 '개'로 표현하는 한국어과 영어의 차이

A   Are you still working?
너 아직도 일해?

K   Yeah. I still have a lot of work to do.
응. 아직 일할 게 많아서.

A   Wow… You're really working like a dog today.
와… 너 오늘 개처럼 일하네.

K   뭐? 개같이? 너 무슨 말을 그렇게 해! 우씨!!

한국말에서 '개'는 문맥에 따라 가끔 부정적인 의미를 내포하는 것 같아요. 그래서 '오늘 기분 개 같아!' '너는 참 개처럼 일하는구나!'라는 말을 들으면 욕으로 이해하는 사람이 많죠. 영어도 마찬가지일까요? 사실 영어는 한국어만큼 '개'에 부정적인 느낌이 강하지 않아요. 예를 들어서 저는 어렸을 때 좋아하는 친구를 Sup dog!이라고 부르곤 했어요. 한국말로 번역했다면 '야, 개 같은 녀석아!'라고 들릴 수 있었겠지만, 영어로는 순수하게 친근감만이 가득한 표현이랍니다. 미국인이 dog 단어를 사용할 때, 여러분이 뉘앙스 오해 없이 이해를 잘할 수 있도록 예시 문장을 알려드릴게요!

● **He's** the top dog **in his organization.**

조직에서 그 남자가 리더야.

★ 성공한 사람, 리더, 탑에 있는 사람으로 해석해보세요.

● **He** works like a dog.

그 사람 너무 열심히 해.

● **You've been** working like a dog **all day.**

너 오늘 하루 종일 무리했잖아.

★ 매우 열심히 일하는 것으로 해석해보세요.

● **I'm** dog tired **today.**

오늘 정말 피곤하다.

★ 피곤해서 늘어진 강아지 모습을 떠올려보세요.

● **I'm** sick as a dog.

나 엄청 아파.

★ 시름시름 앓는 강아지 모습을 떠올려보세요.

● **You look** sick as a dog.

너 엄청 아파 보인다.

▶ YouTube TALK

구독자 코멘트

열심히 일하는 걸 보고 우린 '소처럼 일한다'고 하는데, 완전히 다르네요.

👍 👎

 영어로 to work like a cow라고 하면 좀 이상하게 들립니다. 미국 소는 보통 들판에서 느긋하게 풀을 뜯거나 앉아서 놀거든요. 열심히 일하는 이미지가 없어요. 대신 소랑 관련된 재미있는 영어 표현 하나 알려드릴게요. to have a cow. 직역하면 '소를 갖는다'라는 뜻이지만 화낸다, 삐친다, 토라진다 등등 부정적인 반응을 뜻합니다. 그래서 너무 화내지 말라는 뜻으로 Don't have a cow라고 할 수 있어요.

050 발음만 비슷한 순화된 욕 표현법

A I'll give you my number.
제 연락처 알려드릴게요.

K Okay. Hold on a second.
네. 잠깐만요.

A Are you ready?
번호 저장할 준비 됐어요?

K Hold on··· Where is my f*cking phone?
잠깐만요··· 아, ㅅㅂ. 내 핸드폰 어딨지?

A Hey. Watch your language!
이봐요, 말조심하세요!

⭐ 여러분, 영어로 욕할 줄 아세요? 많은 분들이 영어를 잘하지 못하더라도 욕 표현은 한두 가지 알고 있는 것 같아요. 영화나 팝송에서 쉽게 배울 수 있으니까요. 하지만 자신감 있게 욕이 섞인 표현을 미국 길거리나 공공장소에서 쓰면 미국 사람들에게 강한 눈초리를 받을 수도 있어요. 미국 사회는 욕설을 들었을 때의 거북함을 거리낌 없이 지적하는 분위기거든요. 그래서 지나가는 낯선 사람에게 입조심하라는 잔소리를 들을 수도 있답니다. 편하게 감정을 표현하고 싶은 분들을 위해 발음은 욕과 비슷하지만 의미는 순화된 착한 표현을 알려드릴게요.

● **Who the hel* are you?**

(X)

➡ **Who the heck are you?**

너 도대체 누구야?

● **Close the dam* window.**

(X)

➡ **Close the darn window.**

망할 창문 좀 닫아.

● **What's this sh*t in my coffee.**

(X)

➡ **What's this crap in my coffee.**

커피 맛이 형편없군.

● **I don't have my fuc*ing wallet.**

(X)

➡ **I don't have my freaking wallet.**

젠장할 지갑이 없어.

● **You son of a bi*ch.**

(X)

➡ **You son of a gun.**

이런 나쁜 자식.

▶ YouTube TALK

구독자 코멘트

우리도 욕을 좀 귀엽게 표현하는 말들이 있어요. '이 시베리아놈이'처럼요.

👍 👎

┗➡ 〔올리버쌤〕 맞아요! 그런 식으로 순화시킨 표현이랍니다. 발음은 비슷하지만 욕이라고 할 수 없어서 훨씬 부드럽게 들리죠. 이 표현을 알려드리자니 제 학창 시절 에피소드가 떠오르네요. 어느 날 친구들과 버스정류장에서 편하게 대화하다가 친구가 욕설을 섞어서 말했어요. 아주 자연스러운 상황에서 쓰는 말이었고 듣는 사람도 친구였기 때문에 문제 되지 않는다고 생각했는데 옆에 지나가던 행인이 말조심하라며 크게 혼내셨어요. 굉장히 당황스러웠죠. 이런 일이 유학이나 교환학생으로 미국에 간 여러분에게 생기지 않길 바랍니다. 언어를 보면 그 사람의 수준을 알수 있다고 하죠? 언제 어디서나 품격 있고 격식 있는 여러분의 모습을 기대할게요.

QUIZ 퀴즈

001 감사히 먹겠습니다.

002 더치페이 하자.

003 조금만 더 버텨!

004 외국 친구 사귀고 싶어.

005 빨리! 그 바바리맨 잡아!

006 내 알통 좀 봐!

007 별로였어.

008 어어… 불쌍해라.

009 조직에서 그 남자가 리더야.

010 커피 맛이 형편없군.

Thank you for the _____.

Let's ___ Dutch.

Hang ___ there!

I want to make _____ friends.

Quick! Catch that _____!

Check out my _____!

It was _____ ⋯.

_____ ⋯ Poor thing!

He's the top _____ in his organization.

What's this _____ in my coffee.

195

Q_____
미드로 영어 공부할 때 자막 봐도 돼요?

A_____
요즘 미드나 영화로 영어공부하는 분들이 많은 것 같아요. 개인적으로 효과적인 방법이라고 생각해요. 생생하고 자연스러운 원어민들의 표현에 노출될 수 있으니까요. 게다가 내 취향에 딱 맞는 미드를 골라서 볼 수 있으니까 재미도 있지요. 공부할 때 시간 가는 줄도 모르고요.

그런데 많은 분들이 미드로 영어 공부할 때 자막을 틀어놓고 하더라고요. 영어를 좀 잘하는 사람이라면 바로 영어 자막 없이 공부할 수 있지만, 초보라면 한글자막을 켜놓고 보는 게 당연하다고 생각하는 것 같아요. 게다가 먼저 한국어 자막으로 실력을 키우고 단계별로 영어 자막을 본 뒤 무자막으로 봐야 좋다고 생각하는 사람도 많이 봤어요. 그런데 과연 그 방법이 효과 있을까요?

저도 한국어 처음 배울 때 한국 영화 많이 봤어요. 어떻게 공부할지 몰랐기 때문에 먼저 열심히 인터넷을 뒤져서 자막을 찾아보기 시작했죠. 그런데 자막과 함께 영화를 보

196

고 있으니까 자꾸 눈이 자막으로만 가더라고요. 자연스럽게 주인공의 입과 눈, 상황에서 관심이 멀어지게 되었어요. 게다가 한국말과 영어 어순이 크게 다르다 보니 영어 자막과 한국어 자막이 너무 다른 경우도 많아서 머리가 터질 것 같았어요. 나중에는 이미 자막이 의미를 다 해석해주고 있어서 열심히 의미를 해석해보려는 노력도 하지 않게 됐어요. 자막을 보면서 읽기 연습만 한 셈이죠.

책과 달리 영화나 미드는 영상으로 만들어져 다양한 장면과 상황을 구체적으로 볼 수 있어요. 그래서 원어민의 상황을 자연스럽게 파악하고 느껴보는 데 최고의 재료가 될 수 있지요. 따라서 배우가 말하는 단어의 의미나 문법적인 설명을 이해하는 것보다 그 사람의 표정과 상황과 느낌에 집중하는 것이 무엇보다 중요해요. 그러려면 아무 자막 없이 스스로를 그 상황에 그냥 던져야 해요. 자막을 보면 자막에 집중하느라 정작 중요한 것을 다 놓쳐버리게 될 테니까요.

이렇게 말하면 많은 초보 학습자들이 '하나도 이해 못 해서 너무 머리가 아파요!'라고 말씀하시겠죠? 하지만 머리가 아프다는 건 바로 여러분의 뇌가 열심히 공부하고 있다는 증거랍니다. 당연하게 받아들이고 그것을 이용해야 해요. 아프게 두세요. 머리를 아프게 한 만큼 여러분의 머리가 영어에 적응하고 있다는 뜻이니까요.

어린아이에게 수영을 가르칠 때, 많은 수영 강사들이 아이를 그냥 물에 던져서 패닉 상태에 빠트려요. 그들은 누구나 본능적으로 수영하는 법을 알고 있고, 그렇게 하면 결국 스스로 수영 방법을 터득하게 된다고 여기거든요. 언어도 수영을 배우는 것과 같아요. 여러분은 아직 깨닫지 못하겠지만, 이미 머릿속에 본능적으로 언어를 배우는 기능이 있답니다. 그 기능이 있어서 모국어도 유창하게 배울 수 있었던 거겠죠? 외국어를 배울 때도 그 기능을 사용해봅시다. 얕은 물가에서 다리만 첨벙첨벙하지 말고 조금 무섭더라도 자막 없이 몸을 던져보세요. 여러분 속에 숨어 있던 기능이 조금씩 잠에서 깨고 환경에 적응하기 시작할 거예요. ☺

미국인을
당황하게 만드는
표현들

놀라거나 감탄할 때 쓰는
Oh my god

K 와! 미국 진짜 멋지다! Oh my god!

A Hey! What'd you say?
거기! 방금 뭐라고 했어?

K Sorry. Are you talking to me?
죄송합니다만. 저한테 하신 말씀인가요?

A Don't you be taking the lord's name in vain!
신을 함부로 부르지 마라!

K 뭐야! 왜 갑자기 화를 내고 난리야….

깜짝 놀라서 감탄할 때 Oh my god! 표현 많이 쓰시죠? 한국 영화나 방송, 음악에서도 많이 사용되는 걸 봤어요. 하지만 이 표현을 미국에서 사용할 때는 조금 조심하는 것이 좋습니다. 신의 이름을 함부로 부르는 것에 대해 종교적으로 불쾌해하는 사람이 있거든요. 물론 개방적이라서 편하게 말하는 사람도 많지만, 미국에는 생각보다 보수적인 기독교인이 굉장히 많아요. 미국인의 70%가 기독교인이니까요. 상대방의 성향을 알고 있다면 편하게 쓸 수 있겠지만, 어떤 사람이 있을지 모르는 공공장소나 교회 근처에서는 조심하는 것이 좋아요. 특히 북부보다 남부에서 종교적인 성향이 강하니까 참고하세요!

Oh my gosh!

오 세상에!

★ Oh my god이랑 발음이 비슷해서 많이 사용하는 표현

Oh my word.

할 말을 잃었어!

Oh my goodness!

오 맙소사!

Oh my days!

오 이럴 수가!

★ 영국에서 많이 써요.

Holy cow!

이런 일이!

Holy moly!

맙소사!

▶ YouTube TALK

구독자 코멘트
정말 흔하게 쓰는 표현인데 조심해야겠네요.
👍 👎

올리버쌤 개인적인 성향에 따라 크게 다르다고 말씀드리고 싶어요. 만약 Oh my god!이 전혀 문제없는 표현이라면 대체어는 존재하지 않을 것 같아요. 분명 이 말에 민감하게 반응하는 사람이 있기 때문에 생긴 것 이겠죠? 그래서 미국 방송의 전체 관람가 프로그램에서는 순화한 표현 만 사용됩니다. 만약 미국 친구들끼리 사용하는 데 문제가 없었을지라 도, 낯선 사람들 앞이나 공식적인 자리에서는 조금 주의하는 것을 추천 드릴게요. 특히 미국 가정집에서 홈스테이 할 때는 더욱더 주의하세요! 만약 교회를 열심히 다니는 가족이라면 잔소리를 듣게 될 가능성이 클 테니까요.

052 '너무 힘들다'라는 의미로 쓰는 I'm hard

A Today was a rough day···.

오늘 참 피곤한 하루였다.

K Tell me about it···.

그러니까···.

A Hey! How about we go out for a beer?

야! 나가서 맥주 한잔할까?

K I'm so hard today.

▶ **의도:** 아··· 오늘 좀 힘든데···.

A You're··· What? Ew···!

너··· 뭐? 우엑···!

 ★ '너무 힘들다!'라는 말을 할 때 어떤 표현을 써야 할까요? 혹시 '나는 힘들다'를 번역하려다가 I'm hard라고 하고 있진 않으신가요? 충격적이게도 I'm hard라는 표현을 쓰면 민망한(?) 오해를 살 수 있습니다. 힘들다는 뜻이 아닌 신체의 어떤 부위가 딱딱해진다는 의미로 해석되거든요. 그러니까 특히 남자분이 이렇게 말하면 변태로 오해를 살 수 있겠죠? 민망한 상황을 만들지 않으려면 안전한 표현을 알아둬야겠어요!

● **I'm having a hard time at school.**

나 학교에서 힘들어.

● **I'm having a hard time because of all the homework.**

숙제 때문에 너무 힘들어.

● **I'm having a hard time because of my project.**

일 때문에 힘들어.

● **I'm having a hard time because of my boss.**

상사 때문에 힘들어.

● **Are you having a hard time at work?**

너 직장에서 힘들어?

● **Is your boss giving you a hard time?**

네 사장님이 너 힘들게 해?

● **Sorry for giving you a hard time.**

너 힘들게 해서 미안해.

▶ YouTube TALK

구독자 코멘트

아, 갑자기 부끄러워지네요. 원어민과 이야기할 때 저 표현 정말 많이 썼는데.

👍 👎

올리버쌤 저도 아주 부끄러운 실수 하나 여러분에게만 특별하게 공유해드릴게요. 어느 날 시청 근처를 걷고 있다가 성조기를 들고 시위하는 사람들을 보게 됐어요. 그게 흥미롭게 보여서 다음 날 출근하자마자 학교 선생님들께 "어제 시청에서 사람들이 성조기를 흔들면서 돌아다니더라고요!"라고 말했죠. 그런데 제가 '성조기'에서 가운데 '조' 자를 빼고 말해버렸지 뭐예요? 😳 맙소사. 그 말이 끝나자마자 선생님들 반응은… 굳이 설명 안 해도 상상이 가시죠? 너무 부끄러웠어요. 다행히 다들 제 실수를 이해하고 웃어넘겨주셨지만요. 여러분도 원어민이 아니기 때문에 실수하는 게 당연해요. 하지만 주위 사람들이 이해해줄 가능성이 크니까, 실수에 너무 주눅 들지 말길 바라요.

205

'강아지 좋아해?'라고 물을 때 쓰는 Do you like dog?

K So, do you like dog? I love dog!

▶ **의도:** 너 강아지 좋아해? 난 아주 좋아하는데!

A No, I'm not into that.

아니, 별로 관심 없어.

K Oh. You like cat? I like cat too.

▶ **의도:** 고양이 좋아해? 나 고양이도 좋아해.

A What? You better stay away from my cat.

뭐? 내 고양이는 건들지 마.

K 엥? 왜 이렇게 흥분을……?

고양이나 강아지 좋아하는 분 있으신가요? 저는 아주 좋아해요. 어릴 때부터 큰 강아지와 고양이들이 항상 집에 있었어요. 그래서 어릴 적 사진을 보면 항상 동물들과 함께죠. 그런데 동물을 좋아한다고 말할 때 s를 붙이지 않고 단수로 말하면 원어민들이 강아지 고기 혹은 고양이 고기로 이해할 수 있어요. 일반적으로 어떤 동물 종류를 좋아한다고 말할 때는 꼭 s를 붙여서 복수로 말해야 오해가 생기지 않습니다.

● **I like** dog.
나 개고기 좋아해.

➡ **I like** dogs.
난 강아지 좋아해.

● **I like** cat.
나 고양이 고기 좋아해.

➡ **I like** cats.
난 고양이 좋아해.

● **I like** horse.
나 말고기 좋아해.

➡ **I like** horses.
나 말 좋아해.

● **I like** monkey.
나 원숭이 고기 좋아해.

➡ **I like** monkeys.
난 원숭이 좋아해.

● **I like** snake.
나 뱀 고기 좋아해.

➡ **I like** snakes.
나 뱀 좋아해.

● **I like** whale.
나 고래 고기 좋아해.

➡ **I like** whales.
난 고래 좋아해.

▶ YouTube TALK

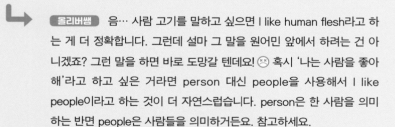

구독자 코멘트

I like person이라고 하면 '난 사람 고기를 좋아해'라
는 말이 되는 건가요?

👍 👎

↳ 　올리버쌤 　음… 사람 고기를 말하고 싶으면 I like human flesh라고 하
는 게 더 정확합니다. 그런데 설마 그 말을 원어민 앞에서 하려는 건 아
니겠죠? 그런 말을 하면 바로 도망갈 텐데요! ☹ 혹시 '나는 사람을 좋아
해'라고 하고 싶은 거라면 person 대신 people을 사용해서 I like
people이라고 하는 것이 더 자연스럽습니다. person은 한 사람을 의미
하는 반면 people은 사람들을 의미하거든요. 참고하세요.

054 가볍게 '보고 싶어'라는 의미로 쓰는 I miss you

A Hello?
여보세요?

K Hey. Carl. How are you doing?
칼! 잘 지내?

A I'm okay. What's up?
응. 무슨 일인데?

K I miss you very much!
▶ **의도:** 그냥 보고 싶어서.

A (당황)··· Miss me? Haha··· Okay···.

어느 날 한국인 친구랑 카페에 앉아서 놀고 있는데, 그 친구가 여자친구와 메시지를 주고받으면서 I miss her a lot이라고 하더라고요. 그 말을 듣고 저는 여자친구가 멀리 유학을 갔거나 오랫동안 못 보는 상황인 줄 알았어요. 그런데 알고 보니 5분 거리의 다른 카페에 있었지 뭐예요. 그 상황이 왠지 어색하게 느껴져서 보고 싶다는 말을 번역기에서 확인해봤더니 I miss you라고 나오더군요!

문법적으로는 틀리지 않아도 그 표현이 저 같은 원어민에게 어색하게 들리는 이유는 I miss you라는 말에는 단순히 보고 싶다는 의미보다 그립고 애절한 느낌이 깊게 배어 있기 때문이에요. 그래서 보통 사랑하는 사람이 군대에 갔거나 해외에 간 경우에 쓸 수 있어요. 가까이에 있는 애인이나 친구에게 가볍게 '보고 싶다'라고 할 때는 다음 문장을 쓰는 게 더 자연스러워요.

● **I haven't seen you in ages.**

우리 못 본 지 너무 오래된 것 같아.

★ 즉 보고 싶다는 뜻

● **Stop being a stranger.**

이러다가 얼굴 까먹겠다.

★ 얼굴 까먹기 전에 보고 싶다는 뜻

● **I miss hanging out together.**

저번에 같이 놀았던 거 그립다.

★ 다시 만나고 싶다는 뜻

● **Let's meet up soon.**

우리 조만간 만나자.

● **I can't wait to hang out again.**

또 같이 놀고 싶다.

★ can't wait : 기대된다

▶ YouTube TALK

구독자 코멘트

**여자들끼리도 이 표현 자주 쓰는데, 남자 사람 친구에게
는 절대 쓰면 안 되겠네요.**

👍 👎

올리버쌤 여자들끼리는 감정적인 표현이 비교적 자유로운 것 같아요.
한국에서도 여자 친구들끼리 부담 없이 "사랑해"라고 많이 하잖아요. 하
지만 이성 친구나 남성 친구끼리는 I miss you를 편하게 쓰기 힘들어요.
어느 정도 무게감이 있는 표현이니까요. 예를 들어 저는 멀리 떨어진 엄
마에게 I miss you라고 할 수 있을 것 같지만, 며칠 전에 만난 동성 친구
에게는 남발하기 힘들 것 같아요. 그럼 오랫동안 못 만난 동성 친구에게
는 어떨까요? 물론 써도 됩니다. 하지만 저는 개인적으로 이 표현 뒤에
bro를 붙여서 친구로서 그리워한다는 것을 강조할 것 같아요. 이렇게요.
I miss you bro!

055 '새로운 사람'이라는 의미로 쓰는 new face

K It's been a month since we broke up···.

나 여자친구랑 깨진 지 한 달 됐어···.

A Oh, yeah? Do you miss her?

아, 그래? 전 여자친구 보고 싶어?

K Not at all.

전혀.

I want a new face!

▶ **의도:** 새로운 사람 만나고 싶어.

A What? You mean you want to have plastic surgery?

뭐? 성형수술 하고 싶어?

K 엥? 무슨 성형수술! 무슨 소리 하는 거야!

새로운 사람을 말할 때 '뉴페이스'라고 쓰는 분이 꽤 있더라고요. 그래서 한류스타 싸이의 노래에도 I want some new face라는 가사가 있죠. 하지만 이 표현을 쓸 때 주의해야 하는 것이 있어요. meet나 see 동사를 함께 사용해서 구체적으로 말하지 않고, 모호하게 I want a new face라고 해버리면 '성형수술 하고 싶다'는 의미로 이해할 수 있습니다. 영어로 '식스팩을 갖고 싶다'는 I want a six pack이라고 하고, '코 수술 하고 싶어'는 I want a nose job이라고 하거든요. 그래서 마찬가지로 I want a new face를 새로운 얼굴, 즉 성형수술을 하고 싶다고 이해하는 거예요.

새로운 사람을 만나고 싶다는 의도로 말할 때

● **I want to** meet new people.
새로운 사람들을 만나고 싶어.

● **I want to** meet a new woman(or man).
새로운 여자(혹은 남자)를 만나고 싶어.

● **Do you feel like you're ready to** meet someone new?
너 새로운 사람 만나고 싶어?

● **I see you finally** met someone new!
너 드디어 새로운 사람 만났구나!

'낯선 사람' '처음 보는 사람'에 대해 말할 때

● **It looks like we have some** new faces **today.**
오늘 새로운 사람들이 생긴 것 같네.

● **We don't get a lot of** new faces **around here.**
이 동네엔 새로운 사람이 거의 안 와.

● **It's nice to see a** new face **here.**
여기서 새로운 분을 만나 봐서 기쁘네요.

★ 여러 명을 말할 때는 복수로 new faces, 한 사람은 단수로 new face를 사용해요.

▶ YouTube TALK

구독자 코멘트
책에서 long face라는 표현을 봤는데 이건 무슨 뜻인가요?

👍 👎

 올리버쌤 미소를 지으면 얼굴 모양이 어떻게 되죠? 입꼬리를 양쪽으로 활짝 여니까 가로로 펼쳐지는 느낌이 들죠? 반대로 슬프게 입을 다물어버리면 입꼬리가 아래로 내려가니까 세로로 길어지는 느낌이 들어요. 그래서 영어로 슬프고 우울해 보이는 얼굴을 long face라고 부르는 거예요. 응용해서 Why the long face?라고 물어보면 '무슨 일이야? 왜 그렇게 슬퍼 보여?'라는 의미를 줍니다. 여러분은 이런 표현을 많이 안 들었으면 좋겠어요. 항상 즐겁게 활짝 웃으시길! 😁

056 남자가 팬티를 입는다고 할 때

A Hey, man. What are you doing?
야, 너 뭐 해?

K Ah, hey! I'm doing some panty shopping.
아, 안녕! 나 팬티 좀 사려고.

A You wear panties?
너 팬티 입어?

K Of course I wear panties! You don't wear panties? What a pervert!
당연히 팬티 입지! 넌 안 입어? 변태 녀석!

A What…?

남자분들 중에 팬티 안 입는 분 계십니까? 전 사실 팬티 절대 안 입습니다! 제 취향이 아니거든요. 이게 무슨 소리냐고요? 사실 미국에서 팬티라고 하면 여성용 속옷만을 의미해요. 그래서 미국인 친구에게 팬티를 입는다고 말하면 아마 '재미있는 취향을 가진 한국인 친구로군' 하고 생각할 거예요. 남성분들이 당당하게 팬티 이야기를 해볼 수 있도록 오해의 소지가 없는 표현을 정리해봤어요.

● **I'm wearing underwear.**

전 속옷을 입고 있어요.

● **I think I need to throw these underwear away.**

나 이 속옷 좀 버려야겠다.

★ 일반적으로 underwear는 남녀 속옷 모두를 일컬어요.

● **I wear a clean pair of briefs every day.**

저는 깨끗한 삼각팬티로 매일 갈아입어요.

★ briefs는 스폰지밥이 입는 하얀 삼각팬티를 말해요.

● **My girlfriend doesn't like it when I wear briefs.**

내 여자친구는 내가 삼각팬티 입는 거 안 좋아해.

● **I prefer boxers over briefs.**

저는 삼각팬티보다 사각팬티가 좋아요.

★ boxers는 널널한 트렁크 팬티를 말해요.

▶ YouTube TALK

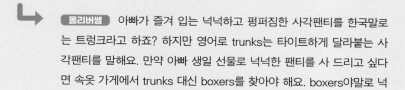

구독자 코멘트

아저씨들이 입는 팬티를 트렁크라고 하는데요, 그것도 콩글리시인가요?

👍 👎

올리버쌤 아빠가 즐겨 입는 넉넉하고 펑퍼짐한 사각팬티를 한국말로 는 트렁크라고 하죠? 하지만 영어로 trunks는 타이트하게 달라붙는 사 각팬티를 말해요. 만약 아빠 생일 선물로 넉넉한 팬티를 사 드리고 싶다 면 속옷 가게에서 trunks 대신 boxers를 찾아야 해요. boxers야말로 넉 넉한 사각팬티를 의미하니까요!

- I'm looking for some boxers for my dad.
  저 아빠 트렁크 팬티 사려고 하는데요.

- Do you sell boxers?
  트렁크 팬티 팔아요?

- Do these boxers come in XL?
  이 트렁크 팬티 XL사이즈 있어요?

057 당황한 미국인을 진정시킬 때 쓰는 '워~ 워~'

(민방위 사이렌 소리가 울린다)

A What's that?! Where's the bomb shelter?
뭐야?! 대피소 어디 있어?

K 아이고! 놀라지 마세요! 워워~~~!!

A War? We're all gonna die!
전쟁? 우리 다 죽게 생겼다!

★ 여러분은 민방위 훈련 사이렌 소리에 익숙하시죠? 하지만 그런 소리를 평소에 듣지 못했던 외국인 관광객은 크게 다를 수 있어요. 보통 전쟁 영화에서나 듣던 사이렌 소리이기 때문에 깜짝 놀랄 수도 있습니다. 사이렌 소리에 길에서 벌벌 떠는 외국인을 본 적이 있으신가요? 그분의 심장 건강을 위해 아래 표현을 사용해서 괜찮다고 한마디만 해주세요.

● **Relax!**

진정해!

★ 제일 간단한 표현

● **Chill out.**

긴장 풀어.

★ 그냥 chill만 말해도 돼요.

● **Calm down.**

놀라지 마.

● **Don't panic, bro.**

놀라지 마, 친구.

★ 위 표현과 함께 쓰면 좋아요.

● **There's nothing wrong.**

큰일 난 거 아니야.

● **It's just a civil defense drill.**

그냥 민방위 훈련이야.

▶ YouTube TALK

구독자 코멘트

저 실제로, 민방위 훈련 사이렌 소리에 옆에 있던 외국인이 놀라길래 "워, 워, 릴렉스"라고 했더니 더 놀랐어요. 죄송하네요. 😩

👍 👎

 올리버쌤 아이고! 진짜 전쟁이라도 난 줄 아셨나 봐요. 그래도 착하게 설명해주신 것에 그분은 속으로 고마워했을지도 몰라요. 그런데 제 경우에는 조금 달랐어요. 학교 근무시간에 수업 준비를 하고 있는데 갑자기 사이렌 소리가 들리지 뭐예요? 전쟁이 난 줄 알고 다리가 다 덜덜 떨리고 심장이 순간 아주 크게 뛰었어요. 😄 그런데 아무도 저에게 사이렌 소리에 대해서 설명해주지 않았어요. 주위 선생님들을 보니까 아무렇지 않게 일을 하고 계시지 뭐예요. 아마 선생님들은 여러 번 듣다 보니 익숙해진 것 같아요. 다행히 저도 시간이 지나면서 적응이 되었답니다.

058 인사말로 편하게 쓰는 '수고하세요'

K **Are you still working?**
아직도 일하세요?

A **Yes, I am. I still have a lot of work to do.**
네. 아직 처리할 게 많아서요.

K **Sounds like you have a lot of work to do. Well⋯.**
진짜 일이 많나 보네요. 그럼⋯.

Work hard and suffer well.
▶ **의도:** 그럼 수고하고 고생하세요.

A **What? Suffer well?**
뭐요? 고생하라고요?

 ★ 한국에서 생활하다 보면 '수고하세요' '고생 많으시네요' 이런 표현을 많이 들어요. 사실 예의에 맞지 않는 표현이라고 알고 있지만, 상대방의 노고에 감사함을 표시하기 위해서 많은 분들이 관용어처럼 사용하는 것 같아요. 그러다 보니 영어로도 어떻게 표현하는지 궁금해하는 분이 많더라고요. 그런데 문자 그대로 번역하면 원어민에게 '일 많이 해라' '고통 많이 받아라!'와 같이 저주(?)처럼 들릴 수도 있어요. 상대방이 의도와 다르게 이해하면 정말 당황스럽겠죠? 정확하게 번역할 말은 없지만, 상황별로 써봄직한 표현들을 알려드릴게요.

EXPRESSIONS 이렇게 말해보세요

헤어지는 경우

● **Take it easy.**

무리하지 마세요.

먼저 퇴근하는 경우

● **Have a good one. See you tomorrow.**

좋은 하루 보내요. 내일 뵐게요.

큰 업무가 끝났을 경우

● **Thank you for all your effort.**

여러분의 수고에 감사드립니다.

★ 지위가 높은 사람이 격려할 때 쓸 수 있는 말이에요.

고맙다는 의미로 쓸 경우

● **I really appreciate it.**

정말 감사드립니다.

격려하는 의미로 쓸 경우

● **Keep up the good work.**

잘하고 있어. 힘내자.

222

▶ YouTube TALK

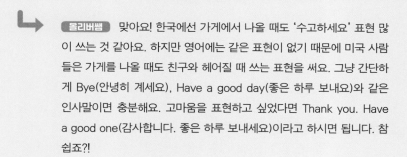

구독자 코멘트

음식점 등에서 나올 때도 '수고하세요'라는 인사말을 자주 쓰는데요. 이것도 영어로 말할 수 있나요?

👍 👎

↳ **올리버쌤** 맞아요! 한국에선 가게에서 나올 때도 '수고하세요' 표현 많이 쓰는 것 같아요. 하지만 영어에는 같은 표현이 없기 때문에 미국 사람들은 가게를 나올 때도 친구와 헤어질 때 쓰는 표현을 써요. 그냥 간단하게 Bye(안녕히 계세요), Have a good day(좋은 하루 보내요)와 같은 인사말이면 충분해요. 고마움을 표현하고 싶었다면 Thank you. Have a good one(감사합니다. 좋은 하루 보내세요)이라고 하시면 됩니다. 참 쉽죠?!

059 친구에게 호감을 표시할 때 쓰는 '친하게 지내고 싶어'

K **Hi! I'm Minsu!**
안녕! 난 민수야.

A **Nice to meet you, Minsu. I'm Jeff.**
반갑다, 민수. 난 제프야

K **I've always wanted an American friend.**
난 항상 미국인 친구 사귀고 싶었는데.

I wanna be close to you.
▶ 의도: 너랑 친해지고 싶어.

A (당황) **Oh⋯ Okay⋯.**

K 뭐야. 나랑 친해지기 싫은가?

친구 사귈 때 '야, 우리 친하게 지내자'라는 말 많이 쓰시죠? 특히 학생들끼리 쓰는 것을 많이 본 것 같아요. 친구로서 호감을 표시할 때 쓰는 말 같은데, 제가 이해한 것이 맞죠? 그런데 이 말을 직역하게 되면 아주 어색합니다. '너랑 친해지고 가까워지고 말겠어, 흐흐' 하고 말하는 것처럼 좀 부담스러운 느낌을 주거든요. 미국에 유학을 갔거나 여행을 가서 만난 친구에게 I wanna be close to you라고 하면 여러분이 원하는 결과를 얻지 못할 가능성이 큽니다. 미국인들이 많이 쓰는 표현을 알려드릴게요.

● **We should hang out more.**

우리 자주 놀자.

★ hang out : 놀다

● **I heard you like soccer. We should play sometime.**

너 축구 좋아한다며. 같이 한번 하자.

● **We should grab a bite to eat sometime.**

언제 밥이나 같이 먹자.

● **Can I add you on Facebook?**

페북 친구 추가해도 돼?

★ 친근감 팍팍

● **What's your instagram handle?**

인스타그램 아이디 뭐야?

★ handle = username

● **Let's do something this weekend.**

주말에 같이 놀자.

● **Let's go get a drink!**

술 한잔하자!

★ 성인끼리 쓸 만한 표현

▶ YouTube TALK

구독자 코멘트

저 '언제 같이 밥 먹어요' '언제 술이나 한잔하자' 이런 말은 사실 빈말인 경우가 많잖아요. 미국에서도 이런 빈말을 쓰나요?

👍 👎

올리버쌤 네, 비슷합니다. 한국에서 빈말로 '밥 한번 먹자' 하는 것처럼 미국 사람들도 빈말로 말하는 경우가 있어요. 그럼 Let's hang out sometime이라는 말을 들었을 때 빈말인지 아닌지 어떻게 알까요? 진짜 만나서 놀고 싶다면 That'd be fun! Are you free this weekend? (오! 좋다. 이번 주말 시간 돼?) 이렇게 가능한 시간을 바로 물어보세요. 상대방이 바쁘다고 약속을 잡지 않으려고 한다면 그냥 빈말일 테고, 상대방이 열심히 호응해준다면 진심으로 한 말일 거예요. 좋은 힌트가 됐나요?

060 너무 바빠서 여유가 없을 때 쓰는 '정신없다'

K Hey. The meeting is about to start.

▶ **의도:** 야. 미팅 시간 다 됐어.

A ···Meeting? What meeting?

미팅? 무슨 미팅?

K You must be out of your mind.

▶ **의도:** 야, 너 진짜 오늘 정신없나 보다.

A Excuse me? Did you just call me crazy?

뭐라고? 지금 나한테 미쳤다고 했냐?

K 아, 이게 아닌데?!

 너무 바쁘고 머릿속에서 처리할 게 많을 때 '정신없다'고 말하죠? 그런데 많은 분들이 '정신없다'를 영어로 말할 때 I'm out of my mind 혹은 I'm losing my mind라고 하더라고요. 그런데 그건 '정신없다'는 뜻이 아니라 '정신적으로 문제 있다' '미쳤다'는 의미에 더 가깝습니다. 보통 환각이 보이거나 환청이 들릴 때 쓸 수 있는 표현이에요. 아마도 '정신'의 개념이 모호하다 보니 여러 번역기에서도 문제가 생긴 것 같아요. 여러분이 '정신없다'고 말하려다가 오해를 사지 않도록 제대로 된 표현을 알려드릴게요.

● **I'm out of it today.**
오늘 정신없네.

● **You look kind of out of it. Are you okay?**
너 오늘 좀 정신없어 보인다. 괜찮나?
★ 머리가 멍하고 빠릿빠릿하게 안 돌아갈 때

● **My head is in the clouds today.**
오늘 정신 빠진 것 같아.
★ 멍하고 잡생각으로 가득할 때

● **Things are hectic today.**
오늘 완전 정신없어.
★ 바쁜 분위기에서 시간을 보내고 있을 때

● **He said he's having a hectic day.**
걔 오늘 정신없대.

● **I can barely hear myself think.**
시끄러워서 정신없잖아.
★ 주의가 산만하고 정신없을 때

● **I'm feeling scatterbrained today.**
머릿속이 엉망이야.
★ 주로 밤을 새웠거나 야근했을 때

YouTube TALK

 구독자 코멘트
I'm not myself today는 어떤 뉘앙스인가요?
👍 👎

┗➤ (올리버쌤) '정신없다'와는 관계없는 표현이네요. 이건 기분에 대한 표현이거든요. 평소와 뭔가 기분이 다를 때 쓸 수 있어요. 예를 들어 저는 항상 밝지만 왠지 오늘따라 기분이 우울하면 I'm not myself today라고 할 것 같아요. 조금 더 응용해서 항상 우울한 친구였는데 오늘따라 기분이 좋아 보이면 He's not himself today라고 할 수 있겠네요.

★ QUIZ 퀴즈

001	이런 일이!
002	일 때문에 힘들어.
003	난 강아지 좋아해.
004	우리 못 본 지 너무 오래된 것 같아.
005	새로운 여자를 만나고 싶어.
006	저는 삼각팬티보다 사각팬티가 좋아요.
007	그냥 민방위 훈련이야.
008	무리하지 마세요.
009	우리 자주 놀자.
010	오늘 정신없네.

Holy 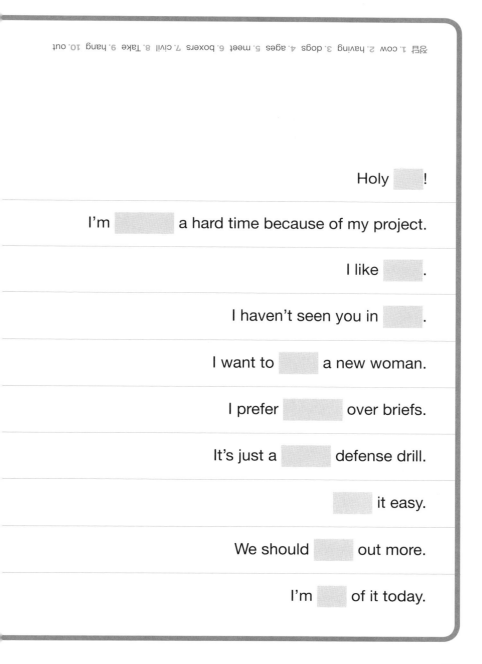!

I'm   a hard time because of my project.

I like   .

I haven't seen you in   .

I want to   a new woman.

I prefer   over briefs.

It's just a   defense drill.

    it easy.

We should   out more.

I'm   of it today.

Q ____

다른 언어를 배울 때 왜 욕을 먼저 배우게 될까요?

A ____

제가 처음 한국어로 욕을 배웠던 날이 기억나요. 열네 살 때 제가 다니던 학교에 한국인 교환학생이 왔었어요. 많은 학생들이 그 친구에게 관심을 가지게 되었고 여러 질문을 하던 끝에 한국어 욕을 물어보기 시작했죠. 그랬더니 그 한국인 친구는 신나게 한국어 욕을 알려주었어요. 저를 포함한 많은 미국인 친구들은 그 욕의 의미를 자세히 몰랐지만 아주 재미있게 그 욕을 배웠죠.

그 후로 한국말에 관심이 더 생겨서 한국 영화를 찾아보게 되었는데, 안타깝게도 영어 자막이 없어서 저는 소리와 장면으로만 내용을 이해해야 했어요. 그런데 신기하게도 욕이 나오는 장면은 귀신같이 이해할 수 있었어요. 그리고 그때 배운 욕은 오랫동안 머릿속에 남았답니다. 지금도 아주 생생하게 기억해요.

다른 단어들은 아무리 열심히 외워도 금방 까먹는데, 신기하게 욕은 쉽게 기억할 수 있고 노력하지 않아도 오랫동안 머릿속에 남아요. 사실 영어를 잘 못하는 아이들이 영어 욕은 막힘없이 하는 것을 한국에서 많이 봤어요. 거의 원어민 수준으로요. 왜 다른 언어보다 욕을 먼저 배우게 되고, 쉽게 기억하게 되는 걸까요? 그 비밀은 '감정적인 연결'에 있어요.

'감정적인 연결'이란 한 단어를 떠올렸을 때 연달아 연상되는 느낌이나 감정을 말해요. 그것이 강하면 강할수록 머릿속에 더 깊게 각인되고 쉽게 잊어버리지 않게 되지요. 예를 들어 우리가 갓난아기였을 때 세상의 전부는 어머니죠? 엄마가 곧 내 우주고 세상이에요. 그래서 엄마를 떠올리면 따뜻함, 포근함, 모유, 사랑, 애정과 같은 감정적인 느낌을 바로 떠올릴 수 있어요. 그 결과 자연스럽게 '엄마' 단어를 가장 먼저 배우게 되지요. 욕도 마찬가지예요. 보통 싸우기 전에, 친구에게 시비 걸 때, 장난칠 때 욕을 써요. 본능적으로 아드레날린을 솟구치게 하는 아주 감정적인 말이죠. 그래서 노력하지 않아도 머릿속에 쉽게 기억하게 되는 것이랍니다.

이런 원리를 이해하면 그동안 왜 단어를 외우기 힘들었는지 이해할 수 있어요. 열심히 반복해서 기억하려고 했지만, 감정적인 연결은 하나도 만들지 않았던 거예요. 그 단어를 떠올렸을 때 느껴지는 감정적인 연결이 너무 약했던 탓에 뇌가 아직 낯설게 느껴서 쉽게 잊었던 거예요. 반대로 단어를 외울 때 감정적인 연결을 만들면 더 쉽게 기억할 수 있겠죠?

단어를 외울 때 그 단어와 나의 감정적인 연결을 만들어보세요. 예를 들어 플래시 카드를 통해 단어를 외우려고 한다면, 남들이 만든 것을 사용하기보다 직접 만들어보세요. 본인의 경험으로 배우면 감정적인 연결이 더 튼튼해질 테니까요. dog이라는 단어를 외운다면 단어 뒤에 한국어로 '개'라고 쓰는 대신 여러분이 키우는 강아지 사진을 붙여보세요. 그러면 dog이라는 단어를 볼 때 여러분의 강아지를 향한 사랑이 떠오르고 앞으로 그 단어를 잊기 힘들어질 거예요. 키우는 강아지가 없다고요? 그럼 구글에서 강아지 사진을 검색하고 그중에 가장 마음에 드는 사진을 사용해보세요. 사진을 고르는 과정에서 들었던 감정과 경험도 '감정적인 연결'을 더 튼튼하게 만들어줄 거랍니다.

Lesson 7

관계를
부드럽게 만들어주는
표현들

061

I don't like it보다
상냥한 표현

A How about we go get some pizza?

우리 피자 먹으러 갈까?

K I don't like that.

아… 나 피자 안 좋아하는데.

A Ah… How about chicken?

아… 그럼 치킨 어때?

K I don't like that either.

치킨도 안 좋아해.

A Psh… I'm just gonna go by myself!

첫… 나 그냥 혼자 가서 먹을래!

안 좋아한다고 말할 때 혹시 I don't like that이라고 하시나요? 물론 정확하고 맞는 말이긴 합니다. 그런데 좀 차갑고 냉정하게 들릴 수도 있어요. 한국말로도 뭔가 거절할 때 '그건 제 취향이 아니라서요'와 '안 좋아해요' 표현 사이에 차이가 있잖아요. 영어도 마찬가지라고 이해하시면 돼요. 특히 상대방이 좋아하는 것을 떠올리며 행복하게 말하고 있을 때, 최대한 부드럽게 내 취향을 말하는 게 좋겠죠? 괜히 찬물을 끼얹었다가 소중한 친구의 마음에 상처가 생길 수 있을 테니까요.

● **I'm not into that.**

그거 좋아하지는 않아.

★ be into : ~를 좋아하다
주로 음악이나 취미에 대해 사용해요.

● **I don't think she's into sports.**

걔 스포츠 별로 안 좋아하는 것 같아.

● **I'm not a big fan of that.**

그거 완전 좋아하는 편은 아닌데.

● **It's just not for me.**

내 취향은 아니야.

● **I'm not crazy about it.**

그거 엄청 좋아하지는 않아.

★ 좋아하냐고 질문받았을 때

● **It's not my cup of tea.**

내 스타일 아니야.

● **I've never been big on fried chicken.**

원래 치킨은 내 취향 아니었어.

★ be big on : ~를 좋아하다

YouTube TALK

 구독자 코멘트
미국인들은 늘 쿨해 보였는데, 이런 소심한 면도 있네요.
👍 👎

 올리버쌤 소심하다기보다 상대방과의 관계를 좋게 유지하기 위한 기술로 이해하면 좋을 것 같아요. 사람들은 보통 호감 있는 사람과 친해지기 위해 최대한 공통점을 찾으려고 노력하잖아요. 공통점이 많아도 친해질까 말까인데, 괜히 공통점이 아닌 것을 찾아내서 티 낼 필요가 있을까요? 그래서 이렇게 부드러운 표현이 생긴 것 같아요. 그런데 사실 이것은 여러분도 마찬가지일걸요? 소개팅을 나갔는데 상대방이 맘에 든다면, 상대방이 좋아하는 것을 대놓고 싫어하는 티를 팍팍 안 낼 거잖아요. 사실 이건 데이트 과학이죠! 마음에 드는 상대방의 기분을 좋게 만드는 것 말이에요. 어떤 언어를 사용하든, 어떤 나라 사람이든 이것은 다 공통일 것 같아요.

062 You're wrong보다 따듯한 표현

A **The capital of Australia is Sydney.**

호주 수도는 시드니야.

K **You're wrong!**

엥? 너 틀렸어!

A **I'm wrong?**

내가 틀렸다고?

K **It's not Sydney. It's Canberra.**

시드니 아니야. 캔버라야

A **Oh··· okay····.**

그··· 그래···.

★ 상대방이 뭔가 틀린 정보를 알고 있을 때 '너 틀렸다!'라고 하죠? 영 어로는 You're wrong!이라고 하시나요? 물론 크게 틀린 표현은 아니지만, 살짝 공격적이고 차가운 느낌을 줄 수 있어요. 대화 중간 에 이런 차가운 말을 쓰면 부드러운 대화 흐름이 끊겨버리는 게 당 연하겠죠? 여러분도 선생님이나 사장님이 뭔가 틀린 말을 했을 때 직접적으로 '사장님! 틀렸어요!'라고 하는 것보다는 '음··· 좀 오류가 있는 것 같은데요'라고 부드럽게 돌려 말하잖아요. 영어로도 유사한 표현이 있답니다.

● **Really? I heard that** it was Canberra.

진짜? 내가 듣기로는 캔버라인데.

● **Really? I heard that** she was dating Danny.

진짜? 내가 듣기로는 걔 데니랑 사귀는데.

● **Are you sure? I thought that** it was Canberra.

확실해? 내가 알기로는 캔버라인데.

● **Are you sure? I thought that** she was dating Danny.

확실해? 내가 알기로는 걔 데니랑 사귄다던데.

● **I think you might be mistaken.**

아마 네가 실수했나 봐.

★ You're wrong을 부드럽게 대체할 수 있는 표현으로,
문장을 통으로 외우면 도움이 많이 될 거예요!

YouTube TALK

구독자 코멘트

That's incorrect도 상대방에게 좀 기분 나쁘게 들릴까요?

👍 👎

올리버쌤 토론하는 상황이나 상대방이 자꾸 자기 말이 맞다고 우기는 상황에서는 직접적으로 반응해야죠. 이런 상황에서는 That's incorrect! You're wrong. (그건 옳지 않습니다. 틀렸어요.) 표현을 사용해도 괜찮은 것 같아요. 그런데 일상생활에서 부드럽게 대화하는 중이라면 이런 표현은 피하는 게 좋겠어요. 상대방이 공격을 당한다고 느끼지 않게 최대한 부드럽게 표현해보세요.

063 Why did you come to Korea? 보다 친절한 표현

K Hey. Where are you from?

야, 너 어디서 왔어?

A I'm from Texas.

텍사스에서 왔어.

K Why did you come to Korea?

그렇구나! 한국에 왜 왔어?

A ···Um··· To see my friends. Haha···.

아… 친구… 만나려고… 하하….

 한국에 온 외국인 친구를 보면 어디서 왔는지, 왜 한국에 오게 됐는지 궁금하죠? 재미있는 대화를 많이 해볼 수 있으니까요. 그런데 많은 분들이 왜 한국에 오게 됐는지 물어볼 때 Why did you come to Korea?라는 문장을 사용해요. 사실 문법적으로 문제없는 문장입니다. 하지만 상황이나 말투에 따라 살짝 취조하는 것 같은 느낌이 들 수 있어요. 친해지려고 질문한 건데 오해를 만들면 안 되겠죠? 부드럽게 대화를 이어가고 싶다면 제가 추천해드리는 표현을 참고해보세요.

● **What brought you to Korea?**

무슨 계기로 한국에 왔어요?

● **What do you think brought him to Korea?**

걔 무슨 계기로 한국에 왔을까?

● **Why did you choose Korea?**

한국을 선택한 이유가 뭐예요?

● **What made you choose Korea instead of Japan or China?**

무엇 때문에 일본이나 중국 말고 한국을 선택하게 됐어요?

● **What made you want to come to Korea?**

한국에 왜 오고 싶어졌어요?

● **So, why Korea?**

어쩌다 한국에 오게 됨?

★ 격식 없는 아주 편한 표현이에요.

YouTube TALK

구독자 코멘트

미국인 친구를 우연히 만나서 반가운 마음에 Why did you come here? 하고 물었는데, 그 친구가 웃으면서 '여기 오면 안 돼?' 하더라고요. '여기 웬일이야?' 하고 반갑게 인사하고 싶었던 건데. 😣

👍 👎

[올리버쌤] 놀랍고 반가운 느낌을 표현하고 싶었는데, 미국인 친구가 뉘앙스를 이해하지 못했나 봐요. 앞으로 비슷한 상황이 생기면 Why did you come here? 대신 What are you doing here?를 써보세요. 물론 '여기서 뭐 해?'라는 의미가 들어 있는 문장이지만 이 경우에 사용하면 '네가 여기 있을 거라는 걸 생각지 못했는데, 웬일이야?'라는 뉘앙스를 살릴 수 있어요. 핵심은 꼭 반가운 표정을 짓는 것! 무뚝뚝한 표정보다는 웃는 표정이 확실한 의사전달에 도움이 될 거예요.

064 What? 잘못 쓰면 무례한 인상을 준다

K **Excuse me. How can I get to this place?**

저기요, 여기 어떻게 가요?

A **Just go about 3 blocks north, hang a right on Johnson drive, go up the hill, and it's gonna be on your left.**

북쪽으로 세 블록 간 다음에 존슨 거리에서 우회전해서 언덕을 올라가면 왼쪽에 있어요.

K **What?**

▶ 의도: 네?

A **Psh⋯. (가버린다)**

쳇⋯.

K 헉! 가지 마세요! **Don't go!**

외국어로 대화할 때 못 알아듣는 경우는 누구에게나 생겨요. 많은 분들이 그런 상황에서 What?이라고 하더라고요. 아마 '네?'라고 묻고 싶은 것 같은데, 이 말이 미국인에게는 날카롭고 무례하게 들릴 수 있어요. 특히 초면인 상황이라면 의도와 다르게 '뭐?' 하고 짜증내는 느낌을 줄 수 있답니다. 물론 격식 없는 상황이라면 편하게 말할 수 있겠지만요. 낯선 사람의 말을 다시 듣고 싶거나 반문할 때는 더 부드러운 표현을 대신 사용해보세요.

● **I'm sorry?**

죄송합니다만?

★ 말꼬리를 꼭 올려서 발음하세요.

● **Excuse me?**

실례합니다만?

★ 매우 흔하게 사용되는 표현이에요.

● **Come again?**

다시 말해줄래?

★ 약간 반말 느낌입니다.

● **Pardon me?**

다시 말씀해주시겠어요?

★ 매우 격식을 갖춘 표현이에요.

● **Pardon?**

다시 말씀해주시겠어요?

★ Pardon me의 줄인 버전입니다.

● **I'm sorry. I didn't catch that.**

죄송한데 잘 못 들었어요.

● **Could you speak more slowly please?**

조금 천천히 말씀해주시겠어요?

★ 빨라서 못 알아들은 경우

YouTube TALK

구독자 코멘트

**전 친구들한테 Huh?라는 표현을 자주 쓰는데, 괜찮나
요?**

👍 👎

올리버쌤 한국말로 친구끼리 강한 말을 거침없이 쓸 수 있는 것처럼
영어로도 편한 친구라면 공손하게 말할 필요가 없겠죠? 아주 편한 친구
라면 What?, Huh? 다 편하게 말할 수 있어요. 영어에는 한국말처럼 문
법적으로 정해진 존댓말이 없지만 그 대신에 억양과 매너가 아주 중요
해요. 아주 고급스럽고 공손한 문장이라도 날카롭고 성의 없는 목소리로
말하면 차갑게 들릴 수 있으니까 유의하세요!

065 No! 라고 거절하면 상처받는다

A Hey! What's up?
야, 뭐 해?

K Nothing… Just thinking about you.
아무것도… 그냥 네 생각 중이었어

A Really? Me too! Hey. Do you want to see a movie today?
정말? 나도! 나랑 영화 보러 갈까?

K 아… 오늘 엄마 생일인데. No, I can't.
안 돼.

A …

친구나 애인이 놀자고 하는데 너무 바쁘거나 다른 일정이 있으면 거절해야겠죠? 그런데 그냥 no라고 거절하면 너무 냉정하게 들릴 수 있어요. 물론 그렇게 말하고 싶다는 분을 말릴 생각은 없습니다. 쓰고 싶으면 쓰셔도 됩니다. 하지만 친구가 조금씩 사라져도 저를 원망하지 마세요. 😁
거절하더라도 좋은 관계를 유지하고 싶을 때 '나도 너무 가고 싶은데, 시간이 안 맞네'와 같은 문장을 사용하죠? 영어로도 비슷한 표현이 있습니다. 제가 가장 유용한 표현만 뽑아봤어요.

● **I'd love to, but** I have plans already.
나도 그러고 싶은데 다른 약속이 있어.

★ but 뒤에 다른 이유를 사용해도 돼요.

● **I'd love to, but** I have to study for an exam.
나도 그러고 싶은데 시험 공부해야 돼.

● **I wish I could, but** I have to work overtime today.
가능하면 좋겠지만 나 오늘 야근해.

★ 이것도 but 뒤에 다른 거절 이유를 사용할 수 있어요.

● **I wish I could, but** I have to help my mom today.
가능하면 좋겠지만 오늘 엄마 좀 도와드려야 하거든.

● **I'd really like to, but** unfortunately there is a staff dinner tonight.
너무 좋은데 불행하게도 오늘 회식이야.

★ unfortunately : 불행하게도

● **Can I get** a rain check?
혹시 다음으로 미룰 수 있을까?

★ 앞의 문장과 함께 사용하면 좋아요.

▶ YouTube TALK

구독자 코멘트
rain check라는 표현은 참 독특하네요. 원래는 무슨 뜻일지 궁금해요.
👍 👎

 올리버쌤 원래 야구 경기장에 관련된 표현이었어요. 야구 경기를 보려고 티켓을 샀는데 비가 와서 경기가 취소된 경우, 티켓을 산 사람들에게 다음을 기약하면서 rain check를 줬다고 하네요. rain check가 있는 사람들은 따로 예약할 필요 없이 다음 경기를 볼 수 있어요. 바로 이런 데서 생긴 표현인데, 이제는 관용어가 돼서 비가 오지 않아도 사용할 수 있어요. 여러분도 약속을 뒤로 미룰 때 이 표현을 사용해보세요.

066 아픔에 공감할 때도 I'm sorry

K **Hey··· Someone stole my bike.**
야··· 누가 내 자전거 훔쳐간 것 같아.

A **What? It was parked here just this morning!**
뭐? 오늘 아침에 여기 있는 거 봤는데!

K **Yeah··· But it got stolen···.**
알아··· 그런데 도둑맞았네···.

A **Aw···. I'm sorry.**

K 미안하다고? 혹시 네가 훔친 거야?!

 ★ I'm sorry가 무슨 뜻이죠? '미안하다'는 뜻이죠? 맞아요. 하지만 sorry는 꼭 미안한 마음을 전하는 용도로 사용하는 표현이 아닙니다. '안됐네' '저런···'과 같이 안타까움에 공감하는 의미로도 사용할 수 있거든요. 혹시 여러분에게 나쁜 일이 생겼을 때 영어 원어민 친구가 I'm sorry라고 한다면, 사과한다는 의미가 아닌 아픔에 공감하는 의미로 이해해보세요. 그리고 이 외에도 친구의 슬픔이나 안타까움에 공감하는 표현을 알아두면 대화에 큰 도움이 될 거예요.

● **I'm so sorry.**

정말 안됐다.

● **I'm sorry to hear that.**

그거 안됐다.

★ 그걸 들어서 미안하다. X

● **I'm sorry about what happened to you.**

그런 일이 생기다니 안타까워.

● **I know how you feel.**

그 힘든 마음 알아.

● **I've been there.**

나도 겪어봐서 알아.

● **I'm here for you.**

내가 위로해줄게.

▶ YouTube TALK

구독자 코멘트

유학 중에 함께 기숙사 생활을 하던 친구 부모님이 돌아가셨을 때 다른 친구들이 So sorry라는 말을 많이 해주더라고요.

(올리버쌤) 이 경우에는 '유감이다'라는 뜻으로 해석하면 더 정확할 것 같네요. 상대방과 안타까움을 공유하는 의미로 말하는 거니까 표정과 말투도 느낌을 살리면 좋겠어요. 같은 문장도 말투가 달라지면 의미가 완전히 달라질 수도 있거든요. 예를 들어서 말 꼬리를 올려서 I'm sorry?라고 하면 '다시 말씀해주시겠어요?'라는 뜻이 됩니다. 꼭 참고해야겠죠?

K   어, 마이클이다! 마이클! Hey!

A   What?

K   뭐야? 방금 what이라고 했냐? 왜 이렇게 차가워!

한국에서 누가 내 이름을 부를 때 '왜요?'라고 반응하는 것처럼 영어로도 Why?라고 반응해야 할까요? 제가 대학교에 다닐 때 한국에서 교환학생으로 온 친구들이 꽤 많았는데, 이름을 부르면 대부분이 Why?라고 대답하더라고요. 이 표현이 한국어를 쓰는 여러분에게는 어색하지 않게 들리지만, 영어를 쓰는 원어민에게는 살짝 어색하게 들릴 수 있습니다. 보통 미국인들은 이런 경우에 why 대신 what이라고 대답하거든요. 한국어로 '뭐?'라고 생각해서 차갑게 반응한다고 생각하는 분도 있을 것 같은데, 크게 오해하지 않으셨으면 좋겠어요!

● EXPRESSIONS 이렇게 말해보세요

● **What?**
뭐?

● **Yeah, what's up?**
응, 뭔데?

● **Yeah?**
응?

★ 말꼬리를 꼭 올려주세요.

● **Uh-huh?**
으응?

● **Yes?**
네?

★ 교수님이나 상사가 불렀을 때

▶ YouTube TALK

구독자 코멘트

아~ 그래서 미국인 친구가 What? 하고 대답하는 거였구나. 그럴 때마다 멈칫했는데 이제 알겠네요. 정말 깨알 팁이에요!

👍 👎

 올리버쌤 사실 저도 이런 실수 많이 했어요. 한국어를 아직 잘 못할 때, 경비아저씨가 택배 관련 일로 저를 부른 적이 있었어요. "어이, 올리버 씨!" 하고 저를 부르셨어요. 공손하게 '왜요, 아저씨?'라고 대답해야 하는데, 실수로 What?을 한국어로 번역해서 "뭐?"라고 대답해버렸어요. 새파랗게 젊은 사람이 경비아저씨에게 반말로 "뭐?"라고 하다니! 아저씨가 좀 화가 나 보였어요. 물론 금방 오해를 풀긴 했지만요. 그 일 이후로는 절대 한국말로 "뭐?"라고 반응하지 않는답니다.

068 예의를 갖춰 말하고 싶을 때 유용한 표현

K I'm hungry··· I need a burger···.

배고파··· 버거 사 먹어야겠다.

A Welcome to McOliver's. Can I take your order?

맥올리버에 오신 걸 환영합니다. 주문 도와드릴까요?

K Give me a burger, right now.

▶ **의도:** 햄버거 하나 주세요.

A Excuse me? Is this a robbery?

네? 지금 강도 상황인가요?

 ★

간단한 영어 표현에만 집중하다 보면 가끔 예의를 놓치는 경우가 많아요. 의도치 않게 차갑게 말해서 상대방이 상처받는 것보다 안타까운 일은 없겠죠? 저도 한국말 초보였을 때 비슷한 실수를 많이 했어요. 한국에 처음 왔을 때 원어민 교사로 중학교에 첫 출근을 하게 됐는데, 그날 교장선생님을 만나자마자 강하게 악수를 하면서 "반가워"라고 했어요. 교장 선생님의 눈이 순간 굉장히 커졌고, 다른 선생님들이 다들 웃음을 터트렸어요. 아마 제가 처음부터 예의 바른 표현을 배웠더라면 그런 실수를 안 했겠죠? 여러분도 기본적인 표현을 부드러운 문장으로 바꿔서 활용해보세요.

● **Give me a burger!**

버거 하나 줘!

➡ <u>I'd like</u> **a burger, please?**

버거 하나 주세요.

★ I'd like~ 표현으로 좀 더 공손하게 말해보세요.

● **Go away!**

저리 가!

➡ <u>Could you</u> **give me a minute, please?**

잠깐만 시간 좀 줄래?

★ could, please 등의 표현을 쓰면 좀 더 공손해집니다.

● **Send me the report.**

레포트 나한테 보내.

➡ <u>Could you</u> **send me the report?**

레포트 보내줄 수 있니?

★ 동사를 바로 말해버리면 명령하는 느낌이 강해서 could를 쓰는 것이 좋아요.

● **Your work is not good.**

네가 한 거 별로야.

➡ **I'm not quite satisfied with this work.**

이건 좀 만족스럽지 않네.

★ 상처받지 않게 말하는 조심스러운 표현이에요.

▶ YouTube TALK

구독자 코멘트
I'd는 뭘 줄인 말인가요? 정확한 뉘앙스도 궁금해요.
👍 👎

> **몰리버쌤** I'd like~는 I would like~의 줄임말이에요. 뭘 원한다고 말할 때 유용한 표현입니다. 많은 분들이 I want~ 표현을 많이 쓰는데, 같은 의미이지만 I'd like~가 좀 더 정중하고 예의 바른 느낌을 줍니다. 예를 들어 I want a burger라고 하면 '난 버거를 원한다'라는 직접적인 느낌이 드는 반면, I'd like a burger라고 하면 '저에게 버거를 주신다면 참 좋을 것 같아요'라는 간접적인 느낌이 들거든요. 느낌 차이가 이해되시나요? 주어로 I뿐만 아니라 you, he, she, we, they 모두 사용해서 말해 볼 수 있답니다.

069 미국식으로 통화를 마무리하는 표현

K **Today was a lot of fun.**

오늘 정말 재미있었어.

A **I know, right?**

맞아, 그치?

K **I'm glad you had fun! Hang up the phone~!**

▶ **의도:** 너도 즐거웠다니 다행이야. 그럼 전화 끊어~!

(전화 끊음)

A **What the…?**

뭐야…?

 한국말로 통화하다가 끊을 때는 '이제 끊을게요' '끊자!' 이런 표현을 자연스럽게 쓸 수 있죠? 하지만 그 표현을 영어로 그대로 번역해서 hang up이라는 표현을 쓰면 큰 오해가 생길 수 있어요. hang up은 단순히 전화를 끊는 행위를 묘사하는 동사거든요. 그래서 실생활에 사용하면 자연스럽게 들리지 않고 '전화 끊어! 당장!'처럼 강한 명령으로 들릴 수 있어요. 즐겁게 전화 통화를 하던 친구가 놀라거나, 내일 회사에서 만날 사장님이 크게 당황할 수 있겠죠? 그럼 자연스럽게 전화 통화를 마무리하려면 어떻게 말해야 할까요? 미국인이 많이 쓰는 자연스러운 표현을 알려드릴게요.

● **I gotta get off the phone.**

통화 그만해야겠다.

● **I gotta go.**

들어가봐야겠다.

● **I gotta let you go.**

이제 들어가 봐.

★ 전화 끊자는 말을 돌려서 표현

● **You sound busy. Do you need to get off the phone?**

너 바쁜 거 같은데. 들어가봐야 해?

● **I'll talk to you later. Bye.**

또 통화하자. 안녕.

● **I'll hit you up later. Bye.**

나중에 또 연락할게. 안녕.

★ 격식 없는 가벼운 표현

▶ YouTube TALK

구독자 코멘트

gotta는 뭘 줄인 말인가요? 처음 봐요!

👍 👎

올리버쌤 gotta는 have got to의 줄임말이에요. '~를 해야 한다'는 의미로 원어민들이 아주 많이 쓰는 표현입니다. 원래 표현인 I have got to에서 I've got to▷ I've gotta ▷ I gotta로 단계별로 줄일 수 있어요. 줄일수록 당연히 더 캐주얼해지겠죠? 여러분도 실생활에서 말할 때, 문자할 때 자주 사용해보세요. 주의! 면접 볼 때나 에세이를 쓸 때는 have to라고 쓰는 게 더 적절하겠죠?

070 길 가다 부딪쳤을 때 쓰는 사과 표현

(길을 걷고 있는 상황)

K   앗! 거의 부딪칠 뻔했네! 다행이다!

A   **Excuse you!**

K   잉? 부딪친 것도 아닌데 왜 화내지?

사람들과 부딪칠 때 사과하는 것은 기본이죠? 영미권에서도 마찬가지인데 예민함의 정도가 살짝 더 심해요. 그래서 상대방의 길을 의도치 않게 막게 되거나, 거의 부딪칠 뻔한 경우에도 사과를 해요. 전혀 부딪치지 않았는데도 말이에요. 아마도 개인 공간을 워낙 중요하게 생각하다 보니 그런 것 같아요. 양팔을 크게 펼친 범위 안에 누가 들어오면 개인 공간을 침범당했다고 느끼는 사람이 많아요. 그런 미국인들이 조금 예민하게 느껴지더라도 부딪쳤을 때 쓸 수 있는 사과 표현을 입에 익혀두는 것이 좋습니다. 그러면 예의 없다는 오해는 절대 받지 않을 거예요.

● **Excuse me.**

실례합니다.

★ 활용 빈도가 높은 표현이에요.

● **Pardon me.**

죄송합니다.

★ 바쁘면 Pardon이라고만 해도 돼요.

● **I'm sorry.**

죄송합니다.

★ 그냥 Sorry라고 해도 돼요.

● **That's okay.**

괜찮아요.

★ 사과를 들으면 꼭 대답해줘야 해요.

● **No worries.**

걱정 마세요.

★ 쿨하게 대답해보세요.

● **My bad.**

죄송.

★ 격식 없이 쓰는 표현이에요.

▶ YouTube TALK

구독자 코멘트

한국에서는 출퇴근 시간 지하철 같은 데서 늘 사람들한테 치이니까 사과 안 하는 버릇이 든 것 같아요.

👍 👎

올리버쌤 맞아요. 그런데 그 현상이 한국에만 있는 건 아니에요. 미국도 뉴욕같이 아주 인구 밀도가 높은 도시에서는 부딪쳐도 사과를 안 하고 차갑게 지나가는 사람이 많거든요. 아마 땅이 넓을수록 개인 공간에 예민하게 되고 땅이 좁을수록 개인 공간에 덜 예민하게 되나 봐요. 어쩌면 당연한 현상 같아요. 서울 지하철을 탈 때 개인 공간을 지키려고 노력한다면 아마 하루에 100번 이상은 사과를 해야 할 테니까요. 저는 오랫동안 한국에 살다 보니 가끔 미국에 가면 실수해요. 최근에는 미국 마트에서 장 보다가 어떤 아저씨의 시선을 방해했어요. 크게 부딪친 게 아니라서 별생각 없이 사과를 안 했다가 아저씨의 따가운 눈초리를 받았죠.☹ 이 부분은 지역과 분위기에 따라 적응을 잘 해야 할 것 같아요.

★QUIZ 퀴즈

001 그거 좋아하지는 않아.

002 아마 네가 실수했나 봐.

003 무슨 계기로 한국에 왔어요?

004 죄송한데 잘 못 들었어요.

005 혹시 다음으로 미룰 수 있을까?

006 그 힘든 마음 알아.

007 응, 뭔데?

008 레포트 보내줄 수 있니?

009 통화 그만해야겠다.

010 죄송합니다.

I'm not ____ that.

I think you ____ be mistaken.

What ____ you to Korea?

I'm sorry. I didn't ____ that.

Can I get a rain ____ ?

I know how you ____ .

Yeah, what's ____ ?

____ you send me the report?

I ____ get off the phone.

____ me.

Q
나이 때문에 뇌가 굳어서 영어 공부가 잘 안돼요.

A
You can't teach an old dog new tricks라는 영어 속담이 있어요. 이미 다 큰 강아지 한테는 새로운 기술을 가르칠 수 없다는 뜻이에요. 그러니까 '이미 나이가 들어서 새로운 건 배울 수 없다' '못 하니까 포기해'라는 뜻이죠.

어떤 사람들은 외국어 교육 상황에서도 이 속담을 써요. 어린아이는 큰 노력 없이도 스펀지처럼 외국어를 흡수하지만, 어른은 '어린 시절이 다 지나갔으니까 외국어 공부하기가 훨씬 어렵겠다, 절대로 잘할 수 없다, 기회 놓쳤다'라고 생각하는 거죠. 실제로 한국 친구를 만나면 꼭 이런 말을 들어요. "난 이제 늙어서 안 되겠다." 환갑의 아저씨도 아니고 아직 2,30대인데 그렇게 말해요. (물론 중장년에도 영어 공부는 얼마든지 할 수 있다고 생각하지만요.)

최근의 한 연구에 따르면 어린이가 언어를 더 효과적으로 배우는 이유가 뇌의 능력 때문이 아니라고 해요. 그보다는 사교적인 이유가 더 크대요. 사실 나이가 들면 들수록 주위 환경과 사교적인 문제에 더 민감해집니다. 남이 자신에 대해서 어떻게 생각하는지 더 궁금해하니까요. 이런 태도는 눈치를 키우는 데 도움이 되지만 새 언어를 배우는데는 오히려 걸림돌이 될 수 있어요. 완벽하게 말하지 못한다는 이유로 망설이다가 결국 망신당할 것이 두려워 시도조차 안 하게 되니까요. 남을 너무 의식하는 거죠. 게다가 용기를 내서 말해도 상대방이 나의 잘못된 표현을 고쳐줄 가능성이 적어요. 민망해할까 봐 그냥 그러려니 하고 넘어가버리죠.

하지만 아이들은 어떨까요? 주변 사람의 생각은 거의 신경 쓰지 않죠? 바보 같은 짓을 하기도 하고, 엉뚱한 일을 벌이기도 해요. 그래서 선생님이나 부모님에게 혼나는 경우가 생기지만, 외국어를 배우기에는 최적인 태도예요. 완벽함에 대해 신경 쓰지 않고 하고 싶은 대로 말하니까요. 체면보다는 소통에 더 신경을 쓰는 거죠. 게다가 틀렸을 때 부모님이나 주위 사람들이 망설이지 않고 바로 고쳐줘요.

그럼 우리는 영어를 배울 때 다 아기처럼 굴어야 할까요? 기저귀를 차고 젖병을 들고 대화를 해야 할까요? 그건 아니지만 최대한 긴장을 풀고 실수에 대해 고민을 줄이는게 좋아요. 창피함이 두렵긴 해요. 저도 한국말 실수를 할 때 너무 창피해요. 특히 여러분이 저의 한국어 실력에 대해 기대하는 게 크면 클수록 그래요. 하지만 저는 창피한 실수가 유창성을 얻기 위한 투자라고 생각합니다. 어때요? 이렇게 생각하니까 영어로 말하고 싶은 의욕이 마구 생기지 않나요?

늘 쓰는 뻔한 말을
대신할 표현들

Oliver's
English

071 I love you보다 진한 사랑 표현법

K   린, 너를 너무 사랑해! I love you!

A   I love you, too!

K   너무 너무 사랑해. 음… 더 진한 표현 없나?

 여러분은 애인과 있을 때 어떤 말로 사랑을 표현하나요? '사랑해'라는 말보다 더 로맨틱한 표현도 쓰겠죠? '너 없으면 못 살아' '넌 내 영혼의 반쪽이야' 등등! 🍬 오글거린다고요? 인정합니다. 하지만 사랑하는 사람한테 듣는 말은 오글거릴수록 더 좋을걸요? 그래서 여러분을 위해 오글거리고 로맨틱한 영어 표현을 준비해봤어요. 사랑하는 감정은 아무리 열심히 표현해도 항상 모자라지만, 이 표현들을 통해서 여러분이 조금이라도 더 많이 사랑을 표현해볼 수 있기를 바랄게요.

● **We're a perfect match.**

우린 너무 잘 맞아.

● **We were made for each other.**

우린 서로를 위해서 태어난 것 같아.

● **I'm crazy about you.**

난 너에게 뿅 갔어.

● **You're my other half.**

넌 내 반쪽이야.

● **We'd go crazy without each other.**

서로가 없으면 미쳐버릴 거야.

● **We are perfect for each other.**

우린 서로에게 완벽해.

▶ YouTube TALK

구독자 코멘트

남녀 관계없이 다 써도 되는 표현인가요?

👍 👎

┗➤ 〔몰리버쌤〕 물론이죠! 애정 표현에 남녀가 어디 있겠어요. 듣는 사람이 여자든 남자든 표현하고 싶은 대로 적극적으로 감정을 표현해보세요. 다만 연애 초기에 "사랑해"라고 말해도 크게 이상하지 않은 한국 문화와 달리 미국은 I love you라는 표현을 사용하는 데 조금 더 보수적이에요. I love you라는 표현을 정말 진지하게 생각하는 사람이 많아서 적절하지 않은 타이밍에 말하면 너무 가볍게 말한다고 생각해서 역효과를 낳는 경우도 있거든요. 정말 심한 경우에는 헤어지기도 한대요. 그래서 많은 미국 연인들이 사랑한다는 말을 언제 말하면 좋을지, 너무 이르거나 늦지 않을지 아주 스트레스를 많이 받아요. 인터넷 커뮤니티에서 이런 고민 상담을 쉽게 찾아볼 수 있을 정도랍니다. 그에 비해 한국 연인들은 감정 표현에 스트레스 받지 않고 제한 없이 할 수 있어서 좋은 것 같아요.

072 Good night 보다 달콤한 잠자리 인사법

K Good night!
잘 자.

(다음 날)

A Good night!
잘 자.

(다음 날)

K Good night!
잘 자.

A You always say good night!
너 매일 똑같은 말만 하는구나!

K 음? 다른 표현이 있나?

밤에 자기 전에 Good night이라고 인사하시죠? 하지만 그 외에도 여러 가지로 인사할 수 있어요. 혹시 Good night 표현을 너무 많이 써서 새로운 표현도 써보고 싶다면 제가 이어서 소개하는 것 중에 마음에 드는 표현을 골라보세요. 그리고 사랑하는 가족이나 친구에게 말해보세요. 더 달콤한 꿈을 꿀 수 있을지도 몰라요. 아참! 많은 분들이 자러 가는 사람에게만 이런 표현 쓸 수 있다고 생각하시더라고요. 그런데 그냥 밤에 누군가와 헤어지는 상황에서도 쓸 수 있는 표현이랍니다! '좋은 밤 보내세요'처럼요!

EXPRESSIONS 이렇게 말해보세요

● **Night night.**

좋은 밤.

★ 라임이 재밌어요.

● **Sweet dreams.**

좋은 꿈 꿔.

● **Sweet dreams. I hope I'm in them.**

좋은 꿈 꿔! 네 꿈에 내가 나왔으면 좋겠다.

● **Dream of me!**

내 꿈 꿔!

★ 주의! 너무 사랑스러워서 남자끼리 쓰면 조금 닭살일 수 있어요.

● **Sleep tight.**

꿀 잠.

● **Don't let the bed bugs bite.**

침대 벌레에게 물리면 안 돼요.

★ Sleep tight과 함께 쓰면 라임을 살릴 수 있어요.

● **See you in the morning.**

내일 아침에 만나.

YouTube TALK

구독자 코멘트

Don't let the bed bugs bite 재미있는 표현이네요.

 올리버쌤 침대 벌레에게 물리지 말라는 말을 인사말로 쓰는 게 재미있죠? 이야기가 나온 김에 제가 이 표현이 나온 배경도 알려드릴게요. 옛날에는 깨끗하고 하얀 매트리스 침대 위에서 자는 경우보다 건초 더미 위에서 자는 경우가 많았어요. 그 건초더미에서 사람만 자는 게 아니겠죠? 여러 종류의 벌레도 함께 살고, 그중에 사람을 무는 벌레도 있었을 거예요. 그래서 항상 자기 전에 벌레 조심하라는 말을 인사말로 하게 됐대요. 물론 구전되는 이야기라서 정확하지는 않지만, 꽤 그럴듯한 이야기 같아요. 배경까지 알고 나니까 왠지 표현이 더 재밌게 느껴지죠?

073 Thank you 이상의 진심을 전하는 감사 인사법

K   **Thank you.**
고마워.

A   **You're welcome.**
천만에.

K   **Thank you very very much.**
정말 정말 고마워.

A   **Haha. It's nothing.**
별거 아냐.

K   **음⋯ 더 진심 같은 표현 없을까?**

'고맙다'가 영어로 Thank you라는 건 누구나 알고 있죠? 하지만 한국말로도 '고마워요'라는 말로 마음을 다 전달하기 힘든 것처럼 영어도 마찬가지랍니다. 너무 감사해서 한마디 말로 모자랄 때, 상황에 따라 더 강한 표현을 써볼 수도 있어요. 만약 여행하는 도중에 도움을 주는 사람을 만났거나, 따뜻한 친절을 베푸는 사람을 만났다면 진심을 다해 고맙다는 말을 해보세요!

I owe you one.

너한테 신세 졌네.

★ owe : 빚지다, 신세 지다

Thanks a million.

백만 번 고마워.

★ Thanks a lot보다 고마운 마음을 더 듬뿍!

Thanks a bunch.

엄청 고마워.

★ 친구들끼리 많이 쓰는 표현

I really appreciate it.

정말 감사드립니다.

★ 가장 대표적인 공손한 감사 표현

I can't thank you enough.

감사하다는 말이 모자라네요.

I don't know how to thank you.

이 감사함을 어떻게 표현할지….

I don't have the words to thank you for this.

제 감사함을 어떤 말로 표현할지 모르겠네요.

★ 아주 감사할 경우 한번 써봄직한 표현

▶ YouTube TALK

구독자 코멘트

요즘 학생들은 줄임말을 많이 사용하잖아요? '고맙다' 는 의미를 줄여서 쓰는 말은 없나요?

👍 👎

올리버쌤 친구들이랑 쓰는 편한 표현은 교과서에 잘 안 나오니까 하나 더 알려드릴게요. 여러분이 '감사합니다'를 줄여서 친구에게 '감사!' 이렇게 짧게 말하는 것처럼 영어로도 가능해요. 예를 들면 I appreciate it을 줄여서 Preciate it(프리씨에릿)이라고 할 수 있거든요. 공식적인 자리나 구직 인터뷰에서는 피해야 하지만 친한 친구나 동료끼리는 자주 쓸 수 있는 표현입니다.

074 You're welcome보다 훈훈한 대답들

K **Could you take my photo?**
저 사진 좀 찍어주실래요?

A **Sure. No problem.**
물론이죠. 해드릴게요.

(찰칵)

K **Thank you very much.**
감사합니다.

A **Don't mention it.**

K 잉? 뭘 말하지 말라는 거야?

상대방이 Thank you라고 했을 때 You're welcome이라고 대답하는 건 잘 아시죠? 그런데 한국말로도 고맙다는 말에 '괜찮아' '이 정도로 뭘' 등등 다양하게 대답할 수 있듯이 영어에도 여러 가지 표현이 있답니다. 사실 많은 분들이 대표적으로 You're welcome 표현만 배워서 그런지 가끔 다른 표현을 들었을 때 못 알아듣고 당황하는 경우가 있더라고요. 그런데 이런 말을 못 알아들었을 때 Excuse me?라고 하면 분위기가 더 어색해집니다. 그런 순간이 여러분에게 생기지 않도록 미국인들이 자주 쓰는 표현만 골라 알려드릴게요.

● **It's nothing.**

아무것도 아냐.

● **Don't mention it.**

별것도 아닌데 뭘.

★ mention : 언급하다

● **Anytime.**

언제든 또 얘기해.

★ 또 필요하면 말하라는 느낌이 깔려 있어요.

● **Sure thing.**

당연한 거지, 뭘.

● **It's my pleasure.**

도움이 되었다니 제가 기쁘네요.

★ 격식을 차린 공손한 표현이에요.

● **My pleasure.**

제가 기쁜걸요.

★ 위 표현을 줄인 말이에요.

● **The pleasure was mine.**

도와드려서 제가 기쁜걸요.

★ 마찬가지로 공손한 표현이에요.

▶ YouTube TALK

구독자 코멘트

6개 중 위의 4개 표현을 어른들한테 써도 되나요? 영어에는 존댓말이 따로 없어서 그 부분이 늘 혼란스러워요. 👍 👎

올리버쌤 많은 한국 학생들이 상대방의 나이에 따라 사용하는 표현을 바꿔야 할까 봐 걱정하는 것 같아요. 하지만 영어에는 한국말처럼 딱 정해진 존댓말의 규칙이 없어요. 대신 억양과 표정이 아주 중요하죠. 공손하다고 알려드린 It's my pleasure 표현도 쌀쌀한 말투로 대답하면 공손하게 들리지 않는답니다. 예를 들어서 미국에서는 뒷사람을 위해 문을 잡아주는 것이 기본적인 예의인데요, 문을 잡아줬는데 고맙다고 하지도 않고 그냥 가버리면 당연히 화가 나겠죠? 그 뻔뻔한 사람의 뒤통수에 대고 '고맙다는 말도 안 하고 그냥 가네!'라는 의미로 You're welcome!이라고 말할 수 있습니다. 원래 공손한 표현이라도 상황과 억양에 따라 의미가 아주 달라지는 예겠죠? 😊

075 I don't know를 대체할 다양한 표현

A Do you know Jake's number?

너 제이크 번호 알아?

K I don't know.

음… 모르는데.

A Do you know what time he's supposed to be here?

걔 여기 언제쯤 올지 알아?

K I don't know.

음… 모르는데.

A You always say 'I don't know!'

넌 항상 똑같은 말만 해!

K 뭐?

 ★ 잘 모른다는 말을 할 때 I don't know라고 할 수 있어요. 하지만 이 것은 누구나 아는 기본 표현이잖아요. 모르겠다는 말을 할 때 쓸 수 있는 표현이 영어로 굉장히 많아요. 직접 그 표현들을 입 밖으로 뱉 어보지 않더라도 미국 영화나 드라마를 알아들을 때 큰 도움이 될 거예요. 크게 어렵지 않으니까 하나씩 익혀봅시다.

● **I have no clue.**

하나도 모르겠어.

★ clue : 단서

● **I'm clueless.**

전혀 모르겠네.

● **Lord knows.**

하늘은 알겠지. (그런데 나는 몰라.)

● **Beats me.**

모르겠어.

★ 때려달라는 뜻 아니에요.

● **How would I know?**

그걸 내가 어떻게 알아?

★ 약간 당황한 느낌이에요.

● **Don't ask me.**

나한테 묻지 마. (모르니까.)

▶ YouTube TALK

구독자 코멘트

그런데 이런 고급 표현을 쓰면 상대방이 '아, 이 사람 영어 엄청 잘하는구나' 하고 생각하지 않을까 해서 순간 위축되고, 뻔히 아는 말도 놓치게 돼요. 그냥 I don't know라고 하면 쉬운데….

👍 👎

 올리버쌤 여러분의 영어 실력이 좋다고 생각해서 상대방이 어려운 어휘를 쏟아낸다면 아주 부담스럽고 당황스러울 거예요. 하지만 이것을 꼭 아셔야 해요. 그 순간은 고난인 동시에 여러분의 영어 실력을 향상시키는 좋은 계기가 돼요. 여러분의 이해를 돕기 위해 제 이야기를 살짝 해드릴게요. 저와 가장 친한 한국인 친구는 제 한국어 수준을 정확하게 알고 있어서 평소 말할 때 조금 수준을 낮춰서 말해주는 편이에요. 그래서 그 친구들과 대화할 때는 거의 어려움을 느끼지 않아요.

그러다 가끔 제 한국어 실력이 완벽하다고 생각하는 사람을 만나는데, 그 사람들은 제가 처음 들어본 어휘와 어려운 표현을 쏟아내요. 그러면 저는 어려운 한국어에 완전히 압도당하고 자연스럽게 대답하지 못하는 저 스스로가 부끄러워지죠. 하지만 다음 날 한국어 실력이 훨씬 좋아지는 것을 느껴요. 괴롭고 힘들다고 느껴도 스스로를 어려운 수준에 자주 노출시키세요. 그 순간 자존감이 조금 상처받을지라도 더 멋진 영어 실력을 얻을 수 있을 테니까요.

076 Shut up
강도별로 말하는 법

A Hahaha! This movie is so funny!
하하하! 이 영화 진짜 웃긴다!

K 아, 저기 미국인 녀석들 정말 시끄럽네.
Hey. Shut up.

▶ **의도:** 야, 좀 조용히 해.

A Did you just tell me to shut up?!
너 방금 나한테 닥치라고 했냐?

K 그래! 좀 조용히 하라고!

 초등학교와 중학교에서 근무했을 때 학생들이 Shut up이라고 말하는 걸 정말 많이 들었어요. 장난칠 때도 많이 사용하더라고요. 그런데 사실 Shut up은 욕 수준으로 아주 강한 표현입니다. 조심스럽게 사용해야 하기 때문에 무엇보다 강도도 함께 알아야 한다고 생각해요. 여러분이 상황별로 어감을 잘 조절해 말할 수 있게 강도별로 표현을 알려드릴게요. 아래로 갈수록 강한 표현이에요.

● **Please be quiet.**

조용히 해주세요.

★ 정중한 표현이에요.

● **Please lower your voice.**

소리를 낮춰주세요.

★ 영화관이나 도서관에서 정중하게 쓸 수 있어요.

● **Hush!**

조용히 해!

★ 살짝 비격식적인 표현이에요.

● **Silence!**

정숙하세요!

★ 명령조의 말이에요.

● **Zip it!**

입 닫아!

★ Shut up만큼 강한 표현이에요.

● **Put a sock(cork) in it!**

입에 양말(코르크 마개) 꽂아라!

★ 매우 매우 강한 말이에요.

● **Shut your trap!**

아닥해!

★ 폭력을 부를 수도 있어요.

▶ YouTube TALK

구독자 코멘트
Shut your trap이라는 표현은 어떤가요?
👍 👎

올리버쌤 Shut up과 비슷한 수준으로 강한 표현입니다. 원래 Shut up 표현은 Shut your mouth의 짧은 버전이고, 어떤 사람들은 mouth 대신에 trap이라고 하기도 해요. 가끔 Shut your face라고 하는 사람도 있습니다. 얼굴을 어떻게 닫으라는 거지? ☹ 글쎄 저도 모르겠어요. 확실한 건 shut을 쓰는 표현들이 대부분 아주 무례한 느낌이라는 것이에요. 그런데 예외가 있어요. 놀라운 이야기를 들었을 때, 못 믿겠다는 의미로 Shut up이라고 하는 거예요. 이때는 아주 어이없다는 표정으로 화난 어조 없이 말해야 합니다. 몇 년 전에 제가 어떤 미국인을 소개받았는데, 제가 댈러스 출신이라고 하자마자 그 미국인이 Shut up이라고 소리쳤어요. 같은 고향 출신인 게 놀라워서 그렇게 말한 것이었죠. 그런데 옆에 있던 한국인 친구는 그 맥락을 몰라 크게 흥분했어요. 맥락에 따라 의미가 달라질 수 있다는 설명 후에 오해가 풀리긴 했지만요. 이렇게 Shut up을 욕이 아닌 의미로 쓸 때 가장 중요한 것은 맥락과 분위기입니다. 혹시 자주 사용할 예정이라면 이 부분을 잘 기억해두세요.

077 I'm angry보다 효과적인 화 표현법

K   아! 정말 화난다!

A   **Hey. Is everything okay?**
야, 괜찮아?

K   **No. My brother took my computer without my permission.**
아니. 내 동생이 허락 없이 내 컴퓨터 가져갔어.

A   **Oh, no.**
애고, 저런.

K   **I'm angry! Very very very angry!!**
나 화나! 아주아주아주!!

 화났을 때 한국말로 다양한 표현을 사용하시죠? '화나'라는 말로는 감정을 다 표현하기 힘드니까요. 화난다, 빡친다, 열받는다, 뚜껑 열린다, 분노가 차오른다 등등! 마찬가지로 영어로도 화나는 감정을 다양하게 표현할 수 있답니다. 아주아주 화가 났을 때 I'm very very very angry보다 더 효과적으로 말해보고 싶다면 제가 뽑아본 표현들을 체크해보세요.

● **I'm pissed off!!**

빡치네!

★ 거의 욕 수준으로 아주 강한 표현입니다.

● **Sorry for pissing you off.**

너 화나게 해서 미안하다.

● **I'm ticked off!!**

짜증나!

★ be pissed off 표현보다는 조금 약해요.

● **I'm gonna blow my top!**

뚜껑 열릴 것 같아!

● **You're making my blood boil.**

너 때문에 열받아.

● **You're really getting on my nerves.**

내 신경 건드리지 마라.

★ nerves : 신경, 신경 거슬리게 한다는 느낌

▶ YouTube TALK

구독자 코멘트

Pissed off를 '꺼져'라는 의미로 쓰는 걸 들었는데, 두 가지 뜻을 갖고 있나요?

👍 👎

 Pissed off라고 하면 '빡친다'는 느낌이 담긴 화난 표현이 되고, Piss off라고 하면 '꺼져'라는 강하고 무례한 표현이 됩니다. 정말 짜증나게 하는 친구에게 써볼 수 있겠지만 욕 같은 강한 표현이니까 너무 남발하는 것은 좋지 않을 것 같네요. 그런데 piss는 오줌을 눈다는 뜻을 가진 동사라는 거 아시나요? 한국어에는 다양한 욕이 많지만 변을 사용한 욕은 잘 못 본 것 같은데, 영어로는 소변과 대변을 사용한 욕이 꽤 많은 것 같아요. 욕에도 문화 차이가 있나 봐요! 😄

078 No보다 강한 거절 표현

A Hey! Go buy me some bread.

임마! 빵 좀 사 와.

A Let me borrow one thousand dollars.

1000달러 좀 빌려줘!

A Let's split your ice cream.

아이스크림 반띵 하자!

K 으악! 어떻게 거절하지?!

 절대 승낙하고 싶지 않은 제안을 받아본 적 있나요? 예를 들어 라면 한 입만 달라고 하거나, 필기 노트를 보여달라고 하거나…. 거절할 때 쓸 수 있는 가장 간단한 표현은 No겠죠? 하지만 상대방이 아주 강하게 제안하거나 명령하고 있다면 No로는 충분하지 않을 수 있어요. 맞받아칠 수 있을 만큼 강한 거절 표현을 함께 알아봅시다.

● **No way.**

절대 안 돼.

★ 기본적인 표현이에요.

● **No means no.**

안 된다고 했다.

★ 이미 No라고 했는데도 계속 부탁하는 경우

● **When pigs fly.**

돼지가 날면 그때 할게.

★ 즉 헛소리하지 말라는 뜻

● **Over my dead body.**

죽어도 못 해.

● **You couldn't pay me to do it.**

돈 줘도 안 해.

● **Heck no!**

안! 해!

▶ YouTube TALK

구독자 코멘트

Hell no!는 어떤가요?

👍 👎

   올리버쌤   영화나 미국 드라마에서 이런 표현 많이 접해보셨나 봐요.
맞아요! 이것은 아주 강한 거절 표현입니다. Heck no의 업그레이드 버
전이라고 할 수 있지요. 하지만 꼭 알아두셔야 하는 것이 있어요. hell은
지옥이라는 뜻이지만, 여러분이 생각하는 것보다 훨씬 강한 뉘앙스를 가
지고 있습니다. 한국말로 '지옥'이라는 말이 중립적으로 천국과 반대되
는 말이라면, 영어로는 상황에 따라 욕이 되는 경우가 많거든요. 한국어
느낌에 맞게 번역하자면 '18 안 해!' 정도랄까요? 어른 앞에서는 절대로
써서는 안 될 표현이죠? 따라서 캐주얼한 분위기에서는 자유롭게 쓰되,
예의를 지켜야 하는 분위기에서는 자제하는 것을 권합니다.

079 pretty보다 더 예쁘다고 말하는 법

K   **You're so pretty!**

너 너무 예뻐.

Girlfriend   **Thank you.**

고마워

(다음 날)

K   **You're so pretty!**

너 너무 예뻐.

Girlfriend   **Is that the only thing you can say?**

넌 그 말밖에 못 하니?

K   **아… 그럼… Very very pretty?** 하하…

 ★ 좋아하는 사람이 예뻐 보이면 영어로 You're pretty라고 하죠? 그런데 여자친구나 어머니의 아름다운 미모를 표현하기에 이 말이 너무 모자라면 어떻게 하죠? 예쁘고 잘생겼다는 표현은 누구나 좋아하는 말이기 때문에 강할수록 좋아요. 소심하게 숨길 필요가 없으니까요. 여러분이 아름다움을 묘사하는 데 언어 장벽으로 답답함을 느끼지 않도록 풍부하게 표현할 수 있는 방법을 알려드릴게요.

● **You look great today.**

오늘 예뻐 보인다.

★ 친구끼리도 편하게 쓸 수 있어요.

● **That dress looks good on you.**

그 드레스 입으니까 예쁘다.

★ 쇼핑 갔을 때 유용한 표현이겠죠?

● **You're gorgeous.**

끝내주게 아름답다.

★ You're beautiful보다 훨씬 강해요.

● **You look stunning.**

눈부시게 아름다워!

● **You look incredible.**

이렇게 예쁠 수 있다니….

★ 최대한 넋 나간 표정을 짓는 게 포인트!

● **Did it hurt when you fell from heaven?**

너 천국에서 떨어질 때 아팠지?

★ 즉 천사 같다는 말이겠죠?

YouTube TALK

구독자 코멘트

평소 이런 말을 잘 안 하다 보니 가까운 사람들에게 쓰
긴 정말 오글거릴 것 같네요.

👍 👎

올리버쌤 오글거리는 거 이해합니다. 하지만 오글거릴수록 효과가 더
좋을걸요? 참고로 첫 번째, 두 번째, 세 번째 표현은 남성에게도 쓸 수
있어요. 사랑하는 아버지가 정장을 입으셨는데 너무 멋져 보일 때 That
suit looks good on you! 해보는 거 어떨까요? 남자들도 멋지다는 말 좋
아하니까요. 그리고 이건 노파심에 하는 말인데, 장소와 분위기와 상
황에 따라 너무 지나친 외모 칭찬은 조심해주세요. 예를 들어 직장에서
동료의 드레스 칭찬은 적절하지 않을 수 있습니다.

080 ugly보다 못생김을 강조하는 재미있는 표현

K 나 오늘따라 못생긴 것 같네….

A Hey. What's up?
야, 무슨 일 있어?

K Not much… I feel so ugly today….
오늘 아주 아주 못생긴 것 같은 기분이야.

A You look fine to me.
내 눈엔 괜찮은데.

 ★ 못생겼다는 영어 표현을 ugly만 알고 계시나요? 그런데 놀랍게도 못생겼다는 의미의 영어 표현이 아주아주 많답니다! 사실 못생긴 것에도 종류가 참 많잖아요! 😄 언제나 잘생기고 예쁜 여러분이 꼭 알아야 할 필요는 없을 것 같지만, 이런 재미있는 표현을 알아두면 친구들과 대화할 때, 영화나 미국 드라마를 볼 때 유용할 거예요.

● **I look awful.**

나 끔찍해 보인다.

★ awful : 끔찍한

● **I look hideous today.**

오늘 나 흉측해 보인다.

★ hideous : 흉측한

● **I look like crap today. Don't I?**

나 오늘 똥 같아. 그지?

● **I look terrible today.**

오늘 얼굴이 엉망이네.

★ 남녀노소 많이 쓰는 표현이에요.

● **I don't look my best today.**

나 오늘 평소보다 못생겼어요.

★ 원래는 잘생겼는데 오늘만 별로라는 의미예요.

● **You look tired.**

너 피곤해 보인다.

★ 미국인에게는 못생겼다는 의미로 들려요.

구독자 코멘트

전 I look like s*it이나 I look fugly라는 표현도 종종 써요.

👍 👎

올리버쌤 아이고! 거친 표현을 좋아하시나 봐요! 네… 사실 그런 표현도 빈번하게 사용됩니다. 하지만 이런 표현은 여러분이 생각하는 것 이상으로 아주 강한 욕입니다. 그래서 같은 의미이지만 조금 순화된 crap 단어로 대체해서 말할 수 있지요. 친한 친구끼리는 강한 욕설 표현도 서슴없이 사용할 수 있겠지만, 어른들 앞에서는 조심하는 것이 좋을 것 같아요. 개인적으로 저는 친구들끼리도 가급적 욕설을 안 쓰는 게 좋다고 생각해요. 그러면 어른들 앞에서 실수로 욕할 가능성이 훨씬 낮아지니까요. 😊

QUIZ 퀴즈

001 난 너에게 뿅 갔어.

002 침대 벌레에게 물리면 안 돼요.

003 정말 감사드립니다.

004 도움이 되었다니 제가 기쁘네요.

005 모르겠어.

006 입 닫아!

007 내 신경 건드리지 마라.

008 죽어도 못 해.

009 그 드레스 입으니까 예쁘다.

010 나 끔찍해 보인다.

I'm crazy ▢ you.

Don't ▢ the bed bugs bite.

I really ▢ it.

It's my ▢.

▢ me.

▢ it!

You're really getting on my ▢.

Over my ▢ body.

That dress looks good ▢ you.

I look ▢.

303

올리버쌤의
영어공부팁
❽

Q_____

저는 영어 공부할 시간이 너무 없는데 어떻게 하죠?

A_____

영어 공부를 하고 싶은 마음은 굴뚝같은데 공부할 시간이 없어요? 이해해요. 바쁘게 살다 보면 학교 시험이나 일이 우선이 될 수 있죠. 그런데 말이에요, 영어 공부는 일주일에 몇 시간을 하면 좋을까요? 얼마나 해야 열심히 한다고 할 수 있을까요? 1시간? 3시간? 5시간? 10시간?

생각보다 많은 사람들이 공부에 대해 생각할 때 책상에 앉아서 펜을 들고 집중하는 개념을 떠올리는 것 같아요. 그리고 책상에 앉아 있는 시간이나 공부의 양에 대한 개념도 중요하다고 생각하는 것 같아요. 오래 집중하고 공부할수록 '열심히 했다'고 느끼는 거죠. 그래서 그런지 '한 달 만에 1000단어 외우기' '하루 1시간으로 영어 정복하기' 같은 책을 서점에서 쉽게 찾아볼 수 있어요. 저의 주관적인 느낌이지만 한국 사회에서는 '열심히 하면 언젠가 된다!'라는 신화(?)도 꽤 강해서 많은 사람들이 책상에서 긴 시간을 투자하고 열심히 공부하는 것 같아요.

열심히 하는 것은 좋지만 영어 공부에는 다소 위험한 개념이라고 생각해요. 양에 치중해서 너무 열심히 하다 보면 쉽게 지치게 되고 결국 스스로에게 실망할 가능성이 크거든요. 왜냐하면 영어는 열심히 한 만큼 실력이 똑같이 따라와주지 않아요. 저도 미국에서 한국어 공부를 혼자 할 때 하루에 단어를 100개씩 외웠어요. 그때는 좋은 학습기도 없어서 직접 낱말 카드를 만들고, 앞뒤로 한국어 단어와 해석을 써서 공부해야 했어요. 손수 학습 도구를 만들어야 해서 하루에 투자하는 시간은 쉽게 3시간이 넘었어요. 정말 어마어마한 시간을 투자했죠? 열심히 공부했으니까 한국에 도착하자마자 유창하게 말할 수 있었을까요? 아니요. 겨우 인사만 할 수 있었어요. 한국어에 투자했던 노력과 시간은 아무런 의미가 없었던 셈이죠.

왜 열심히 했는데 보상이 따라와주지 않았을까요? 그 원인은 바로 '관계'에 있습니다. 저는 열심히 외운 단어를 한 번도 한국 사람과 사용해본 적이 없었어요. 근처에 한국 음식점이나 한국 문화 클럽이 있었더라면 달랐겠지만요. 사랑하는 연인과 자주 만나고 대화하고 접촉하면서 관계가 깊어지는 것처럼, 언어도 마찬가지입니다. 직접 사용하고 상대방의 반응을 들으면서 언어와의 관계를 만들어야 해요. 언어는 살아 있는 거니까요.

따라서 시간이 없어서 열심히 영어 공부를 하지 못하는 분들에게 희망이 있다는 말을 해주고 싶어요. 책상에서 1시간 영어 공부를 하는 것보다 원어민 친구와 10분 날씨 이야기하는 것이 영어와의 관계에 큰 도움이 되니까요. 짧은 시간만 투자해도 좋은 결과를 만들 수 있습니다.

잠깐, 10분 시간도 없다고요? 흠… 그건 좀 너무 심한데요. 스스로 정한 목표니까 책임을 져야죠. 아침에 10분 일찍 일어나든지, 아니면 좀 더 늦게 주무세요. 그것도 힘들다면 등하교나 출근길에 원어민 친구와 틈틈이 채팅해보세요. 진짜 영어를 배우고 싶다면 방법을 찾아야 해요. 방법을 찾을 수 없다면 만들기라도 해야 해요.

Lesson 9

교과서가
못 알려주는
재밌는 표현들

Oliver's English

081 아재 개그를 받아치는 재밌는 표현

A Hey. What do you call a five year old onion?

야, 다섯 살 양파를 뭐라고 부르게?

K I don't know. What do you call it?

몰라. 뭐라고 하는데?

A Onion. 5년.

K 아! 뭐야! 핵노잼이야!

촌스러운 아재 개그, 개드립을 그만하라는 말을 영어로 어떻게 할까요? 설마 Stop dog dripping이라고 하시는 건 아니겠죠? (참고로 아재 개그는 영어로 dad joke라고 합니다. 아빠가 할 법한 촌스러운 농담이라고 생각하나 봐요.) 상대방이 촌스러운 농담을 했을 때 받아칠 수 있는 표현을 모아봤어요. 영미권 친구와 대화할 때, 장난스러운 농담까지 자유자재로 받아쳐보세요. 짓궂은 농담으로 우정도 더 깊어질 거예요.

● **That's so corny.**

대박 촌스러워.

● **That's cheesy.**

겁나 유치해.

★ 치즈와 관련은 없어요.

● **That's so lame.**

겁나 썰렁하다.

● **Am I supposed to laugh?**

내가 웃어줘야 되냐?

● **I'm sorry. Was that a joke?**

미안한데 그게 농담이야?

● **Do you like dad jokes?**

너 아재 개그 좋아하냐?

▶️ YouTube TALK

구독자 코멘트
전 아재 개그가 너무 재밌어요!
👍 👎

↳ 【올리버쌤】 오호! 개드립 유머를 좋아하는 분들을 위해 재미있는 개그 하나 소개해드릴게요. 소들이 자주 가는 나라는 어느 나라일까요? 우.간.다입니다!!! 😁 😁 또 해드릴까요? 계란이 버스에 타려고 했을 때, 버스 운전기사 아저씨가 계란에게 큰 소리로 뭐라고 했게요? Get on! 흠… 무슨 소리인지 이해가 안 된다고요? 그럼 큰 소리로 Get on을 읽어보세요! 😄

082 문법에 어긋나지만 흔히 쓰는 ain't 사용법

K **Are you going to eat pizza?**
야, 오늘 피자 먹을 거야?

A **Nahhh… I ain't gonna eat pizza.**

K **엥? ain't? 이게 무슨 뜻이지?**

 ★ 팝송이나 미국 영화에서 ain't 표현을 자주 접할 수 있죠? 하지만 이 표현이 문법책이나 교과서에 나오지 않아서 많은 분들이 그 의미를 파악하기 어려워하는 것 같아요. 그런데 사실 이 표현이 책에 안 나오는 이유가 있긴 해요. 엄밀히 말해서 틀린 표현이거든요. 주로 모든 be 동사와 not을 합해서 ain't라고 합니다. 틀린 표현이지만 실생활에서 특히 남부에 사는 원어민이 자주 쓰는 표현인 만큼 알아두면 도움이 될 거예요. 대신 에세이를 쓸 때나 면접 보는 상황에서는 절대 쓰지 않도록 주의하세요!

● **I am not stupid.**
나 바보 아니야.

➡ **I ain't stupid.**
나 바보 아님.

● **You are not stupid.**
너 바보 아니야.

➡ **You ain't stupid.**
너 바보 아님.

● **He is not stupid.**
걔 바보 아니야.

➡ **He ain't stupid.**
걔 바보 아님.

● **She is not stupid.**
그분 바보 아니야.

➡ **She ain't stupid.**
그분 바보 아님.

▶ YouTube TALK

올리버쌤 ain't no 표현을 따져보면 부정이 두 번 나오잖아요. 그래서 논리적으로 따지면 긍정으로 바꿔야 하겠죠? 한 번 부정한 것을 다시 한 번 부정하면 긍정이 되는 거니까요. 그런데 이 경우에는 긍정으로 해석하면 안 돼요. 그냥 안 좋은 습관으로 이렇게 틀린 문법을 쓰는 거니까요. 예를 들어서 There is no time for that = There ain't time for that = There ain't no time for that 모두 같은 의미(그걸 할 시간이 없어)를 가진 문장이랍니다. 혹시 〈Ain't No Mountain High Enough〉라는 노래 아시나요? 아주 유명한 노래인데 제목이 문법적으로 틀렸어요. 하지만 좋은 노래라서 많은 사람들이 똑같이 따라 부른답니다.

083 친구와의 대화가 더 즐거워지는 음주 영어

A **What are you doing after work?**
너 일 끝나고 뭐 해?

K **Studying English. Why?**
영어 공부. 왜?

A **Let's go get trashed!**

K **Trash?** 쓰레기 버리자고? 너나 버려!

어떤 사람은 가장 쉽게 친해지는 방법은 술자리를 갖는 것이라고 말해요. 저는 술을 그렇게 좋아하지 않기 때문에 100% 동의하기 힘들지만, 어느 정도 맞는 말이라고 생각해요. 긴장을 풀고 즐겁게 대화를 할 수 있으니까요. 음주 영어로 보통 Cheers!(건배) 정도는 다들 알고 계실 거예요. 그런데 같은 의미로 Drink up, Bottoms up이라는 표현이 있다는 거 아세요? 이런 표현을 좀 더 알면 술자리가 더 재미있어지겠죠?! 미국인들이 정말 많이 쓰는 기본 표현만 골라서 알려드릴게요.

● **Let's get trashed!**

오늘 제대로 달리자!

★ 망가져보자는 뉘앙스가 들어 있어요.

● **I'm a heavy drinker.**

나 술 센 편이야.

★ strong이라고 하지 마세요. 반대말은 lightweight라고 해요.

● **I have a nice buzz.**

알딸딸하네.

★ I'm tipsy 또는 I'm feeling tipsy 표현도 쓸 수 있어요.

● **I'm getting drunk.**

나 취한다.

★ I'm drunken은 잘못된 표현입니다.

● **I was blackout drunk last night.**

나 어제 필름 끊기도록 마셨어.

★ blackout drunk : 필름 끊기도록 취한

● **Don't you worry. I'm sober.**

걱정 마! 나 술 다 깼어.

★ sober : 술 취하지 않은

● **I'm smashed.**

나 꽐라 됐다.

★ trashed 표현도 써볼 수 있어요.

▶ YouTube TALK

구독자 코멘트

올리버쌤 영상에서 보고 미국인 친구한테 Let's get trashed를 써먹었더니, 깜짝 놀라더라고요. 😊

👍 👎

올리버쌤 아주 만취하도록 마셨나 보네요! 미국의 밤은 한국의 밤처럼 안전하지 않기 때문에 취하도록 마실 생각이라면 최대한 안전한 곳에서 마시는 것을 추천합니다. 한국에서 캠퍼스 근처를 밤늦게 돌아다니면 만취한 학생들을 쉽게 볼 수 있죠? 그중 어떤 학생은 스무 살, 스물한 살인 것이 미국인들 눈에는 신기해 보여요. 왜냐하면 미국에서는 만 스물한 살이 되기 전에는 대학생이라도 술을 마실 수 없거든요. 그전까지는 아주 건전하고 착하게 놀아야 하죠.

하지만 만 스물한 살이 넘으면 자유롭게 술 문화를 접할 수 있어요. 그중에 가장 재미있는 것이 keg stand입니다. 커다란 드럼통을 두 손으로 잡으면 친구들이 다리를 거꾸로 들어줘요. 그렇게 몸이 아래위로 뒤집힌 상태에서 빨대로 드럼통의 술을 마십니다. 그 문화가 왜 특이하냐면, 다시 제대로 섰을 때 머리로 몰렸던 피가 제자리로 돌아가면서 취기가 확 돌기 때문이에요. 😄

316

084 잔소리에 재치 있게 대처하는 법

A What's your salary now?

월급 얼마나 받아?

A When are you going to get married?

언제 결혼하나?

A What's your GPA now?

성적 잘 나왔어?

K 으으!! 잔소리 그만!!

 추석이나 설날 때 친척들에게 잔소리를 듣는 일이 많다고 들었어요. 미국 명절은 어떨까요? 일반적인 미국 문화는 한국보다 좀 더 개인적이기 때문에 그런 잔소리를 듣는 일이 적어요. 그래도 눈치 없는 사람은 꼭 한두 명씩 있잖아요? 혹시 누가 듣기 싫은 잔소리를 해온다면 이렇게 반응해보세요. 무례하지 않으면서 재치 있게 그 상황을 모면할 수 있는 표현만 골랐어요.

● **Next question, please.**

다음 질문 해주세요.

★ 여유롭게 웃는 것이 핵심이에요.

● **I'd rather not talk about that right now.**

별로 대답하기 싫어요.

● **Enough with me. Let's talk about you. Do you like cats?**

전 됐고 삼촌 이야기 해요. 고양이 좋아하세요?

★ 고양이가 안 먹히면 삼겹살 이야기를 해봅시다.

● **Get off my back.**

잔소리 좀 그만해요.

★ 살짝 싸가지 없지만 효과 만점이에요.

● **Mind your business, please.**

너나 잘하세요.

★ 건방지지만 효과 만점이에요.

● **Do we have to talk about this right now?**

우리 지금 이거 꼭 얘기해야 돼요?

▶ YouTube TALK

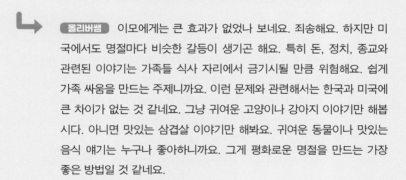

구독자 코멘트
지난 추석에 이모가 대학은 어디 갈 거냐고 묻길래
Next question, please라고 했다가 한 소리 더 들었
네요. 😑
👍 👎

올리버쌤 이모에게는 큰 효과가 없었나 보네요. 죄송해요. 하지만 미국에서도 명절마다 비슷한 갈등이 생기곤 해요. 특히 돈, 정치, 종교와 관련된 이야기는 가족들 식사 자리에서 금기시될 만큼 위험해요. 쉽게 가족 싸움을 만드는 주제니까요. 이런 문제와 관련해서는 한국과 미국에 큰 차이가 없는 것 같네요. 그냥 귀여운 고양이나 강아지 이야기만 해봅시다. 아니면 맛있는 삼겹살 이야기만 해봐요. 귀여운 동물이나 맛있는 음식 얘기는 누구나 좋아하니까요. 그게 평화로운 명절을 만드는 가장 좋은 방법일 것 같네요.

085 좋아하는 사람 마음 슬쩍 알아보는 법

K What style of guy do you like?

> **의도:** 어떤 스타일 남자 좋아해요?

A Style of guy? What do you mean?

스타일? 무슨 말이에요?

K What's your favorite style!

> **의도:** 좋아하는 스타일이 뭐냐고요.

A Hmm… I'm not really into men's fashion….

아. 전 패션에 관심이 없어서요.

K 패션? 갑자기 왜 패션 얘기를 하는 거지?

지금 혹시 좋아하는 사람이 있나요? 가만히 있으면 그 사람의 마음을 얻기 힘들겠죠? 사랑은 쟁취하는 거래요. 그러려면 적극적으로 마음을 표현해야겠죠? 적극적으로 다가가기 쑥스럽다면 적어도 그 사람의 취향이 무엇인지, 혹시 만나고 있는 사람이 있는지 떠보기라도 해봅시다.

아참! 많은 분들이 좋아하는 이상형을 말할 때 style이라고 하는데 What's your favorite style?이라고 질문하면 보통 옷이나 외모 스타일에 관련된 것으로 이해를 한답니다. 상대방이 좋아하는 패션에 대해서 알고 싶은 게 아니라면 다음 표현을 주목해보세요!

● **What do you like in a guy(girl)?**

너 어떤 스타일 좋아해?

★ style이라고 말하면 못 알아들으니까 주의!

● **Are you seeing anyone?**

너 썸 타는 사람 있어?

★ 아직 사귀지 않지만 썸 타는 관계를 seeing이라고 해요.

● **Are you crushing on anyone?**

너 혹시 좋아하는 사람 있어?

★ crush on : ～에게 뿅 반하다

● **This girl(guy) keeps hitting on me.**

이 여자(남자) 얘가 자꾸 연락하네.

★ hit on : ～에게 들이대다

● **So⋯ What do you do in your free time?**

그래서 평소에 쉴 때는 뭐 해?

● **We should get dinner sometime.**

언제 저녁 같이 먹자.

▶ YouTube TALK

구독자 코멘트

캐나다 친구한테 Are you crushing on anyone?이라고 했더니 crush on이라는 표현은 처음 들어본다고 하더라고요.

 올리버쌤 캐나다 친구에게 생소하게 들렸나 보네요! 제가 조사해보니까 캐나다에서는 to have a crush on someone 표현이 주로 쓰인다고 해요. 아마 이렇게 말하면 바로 이해할지도 모르겠어요!

- Do you have a crush on Jimin?
  너 지민이 좋아해?

- I heard you have a crush on Frank.
  너 프랭크 좋아한다며.

- Do you have a crush on anyone?
  너 좋아하는 사람 있어?

086 외국인이 흔하게 쓰는 헌팅 표현

A Hey. Haven't I seen you here before?
안녕. 우리 여기서 본 적 있지?

K 엥? 처음 보는 사람인데. No.

A Oh… So do you come here often?
음… 그래서 넌 여기 자주 와?

K No. Not really.
아니. 잘 안 와.

A Oh… (어색) I must have confused you with someone else. Sorry.
오… 다른 사람이랑 헷갈렸나 봐. 미안해.

K 어, 어디 가. 나랑 더 이야기하고 가.

★ 한국에서도 마음에 드는 낯선 이성을 보면 용기 내서 "혹시 시간 있으세요?" "커피 한잔할래요?" 이렇게 말을 걸죠? 그런 분들 정말 대단해요. 어디서 그런 용기가 나오는지! 그런 행동을 한국에서는 헌팅이라고 하지만, 실제 영어로는 pick up guys/girls라고 합니다. 미국인이 pick up할 때 쓰는 표현이 있는데요, 이 표현들을 모른다면 상대방의 호감 신호를 본의 아니게 무시해버릴 수 있겠죠? 미국인이 자주 쓰는 대표적인 표현을 알려드릴게요. 여러분이 역으로 사용해볼 수도 있겠네요.

● **Do I know you from somewhere?**

어디서 널 만나본 것 같은데?

★ 왠지 얼굴이 익다며 대화를 이어가곤 해요.

● **Haven't I seen you here before?**

여기서 우리 본 적 있지?

★ 보통 술집이나 파티에서 많이 써요.

● **So do you come here often?**

너 여기 자주 와?

★ 자주 만날 수 있겠다며 좋아하면 99% 호감 표시겠죠?

● **Do you have a cigarette? (혹은 Gotta cigarette?)**

담배 하나 줄래요?

★ 담배는 당신에게 말 걸기 위한 구실일 수도?

● **Do you have a light? (혹은 Gotta light?)**

라이터 있어요?

★ 물론 라이터는 말 걸기 위한 구실이겠죠?

● **Are you here alone?**

너 혼자 왔어?

★ 흔한 pick up 표현입니다.

▶ YouTube TALK

구독자 코멘트

Do you have a light라고 물으면 내가 담배 피우는 사람처럼 보이나 싶어서 기분 상할 것 같아요.

👍 👎

올리버쌤 담배 피우는 사람처럼 보인다기보다는 그냥 담배를 구실로 말을 걸었을 수도 있어요. 그래서 크게 기분 나빠할 필요 없답니다. 담배를 피우지 않는다면 담배나 라이터를 빌려달라는 부탁을 부드럽게 거절하시면 됩니다. 상대방이 여러분에게 완전 반해버렸다면 여러분의 거절도 대화의 창구로 사용하려고 하겠죠. 아마 시끌벅적한 술집 안에 비해 바깥은 조용하고 고립되어 있는 경우가 많아서 작업 걸기에 좋은 장소라고 생각하는 사람이 많은 것 같아요. 꼭 이성을 만나는 게 목적이 아니더라도, 술집이나 파티는 새로운 사람을 사귀기에 좋은 환경이니까 적극적으로 대화를 많이 해보시길 바랄게요.

087 외국인의 헌팅을
거절하는 방법

A Oh! Look at them baby making hips!

오! 저 빵빵한 엉덩이 좀 봐!

A Mind if I take you to Kimbob Cheonkuk?

나랑 김밥 천국 같이 갈래?

A Cause you look like an angel!

넌 천사처럼 생겼어.

A How about them digits?

번호 좀 줘봐.

K 헐!!! 저리 떨어져, 변태야!

여러분은 매력이 넘치니까 관심을 보이는 이성이 아주 많을 것 같아요. 하지만 그중에는 무례하게 접근하는 사람도 있죠. 한국 사람들은 보통 거절할 때 옅은 미소를 지어요. 거절하는 것에 대해 미안함을 느껴서 그러나 봐요. 하지만 미국을 포함한 여러 서양권 나라 사람들은 그 미소에 거절 의미가 들어 있는지 모른답니다. 그래서 웃으면서 거절하면 좋아하는 뜻으로 착각해서 계속 말을 걸 수 있어요. 관심이 없다면 웃음기를 쫙 빼고 단호하게 대답하세요.

- ### Sorry, I'm not interested!
  미안한데 관심 없어.

- ### Actually, I'm already taken. BYE!
  그리고 이미 임자 있어. 잘 가!

- ### Not in a million years!
  백만 년이 지나도 안 돼!

  ★ '내 눈에 흙이 들어가기 전엔 안 돼'와 비슷한 느낌의 표현

- ### I've already got 3 kids.
  나 애 셋 딸린 엄마야.

- ### Get your hands off me!
  내 몸에서 손 떼!

- ### My boyfriend is about to be here.
  내 남자친구가 여기 오는 중이야.

  ★ 남자친구 없어도 사용 가능

- ### Get out of my face creep!
  따라오지 마, 변태야!

  ★ creep : 괴짜 혹은 변태

▶ YouTube TALK

구독자 코멘트
직설적으로 단호하게 의사를 표현해야 하는 거군요.
👍 👎

 네! 머쓱하게 웃으면서 거절하는 것보다는 의사를 확실하게 말해주는 게 좋아요. 하지만 상황에 따라서 대꾸하는 것보다 그 자리를 벗어나는 것이 더 중요할 때도 있어요. 지나가는 낯선 이성에게 '맘에 든다' '데이트하자' 하고 추파를 던지는 것을 영어로 캣콜링이라고 하는데요, 혼자 있고 주위에 도와줄 만한 사람이 없다면 괜히 차갑게 대답했다가 상황이 더 나빠질 수도 있거든요. 캣콜링을 하는 목적이 진지하게 관심을 표현하는 것이 아니라 재미를 위해서 툭 건드려보는 것이기 때문이에요. 대답하면 재미를 느끼고 더 괴롭힐 수도 있어요.

088 물건 살 때 호갱님 안 되는 표현

K How much is this?
이거 얼마예요?

A It's 20 dollars, sir.
20달러예요, 손님.

K Can you nego?
▶ **의도:** 네고 되나요?

A Excuse me?
네?

K 엥? 네고가 안 되나?

해외여행 가면 한국에서 보기 힘들었던 예쁘고 신기한 물건을 많이 볼 수 있어요. 그런데 정찰제로 운영되는 곳이 아니라면 그게 적당한 가격인지 아닌지 궁금하잖아요. 괜히 바가지 쓰고 싶지 않다면 기본적인 흥정 표현을 알아두는 게 좋습니다. 참고로 많은 분들이 가격 흥정을 말할 때 negotiate에서 앞말을 따서 '네고'라고 하는데요, 이 말은 '협상'이라는 뜻으로 사용 범위가 좀 더 커요. 그래서 인질 협상, 무역 협상 등 다양한 상황에서 쓸 수 있죠. 가격 흥정만을 뜻하는 단어는 바로 bargain이랍니다!

● **Excuse me. How much is this?**

저기요, 이거 얼마예요?

● **Ah··· That's a bit too expensive.**

아··· 좀 비싸네요.

★ expensive 대신 pricey, steep 표현도 좋아요.

● **If I buy several of these, can I get a discount?**

여러 개 사면 깎아주실 수 있어요?

★ 친구들 선물 대량 구매할 때 유용하겠죠?

● **I'll give you 10 dollars for it and we have a deal.**

10달러로 깎아주시면 살게요.

● **Can I get a bigger size for the same price?**

같은 가격에 큰 거 주시면 안 돼요?

● **Could you throw in something extra with this?**

그럼 덤으로 뭐 더 주세요.

● **Okay. Deal!**

오케이! 살게요!

★ '콜'이라고 외치지 마세요.

▶ YouTube TALK

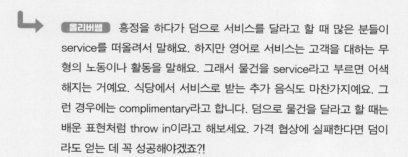

구독자 코멘트

안 깎아줄 땐 서비스라도 받고 싶잖아요. 한국에선 흔하게 service라는 말을 쓰는데, 맞는 표현인가요?

👍 👎

올리버쌤 흥정을 하다가 덤으로 서비스를 달라고 할 때 많은 분들이 service를 떠올려서 말해요. 하지만 영어로 서비스는 고객을 대하는 무형의 노동이나 활동을 말해요. 그래서 물건을 service라고 부르면 어색해지는 거예요. 식당에서 서비스로 받는 추가 음식도 마찬가지예요. 그런 경우에는 complimentary라고 합니다. 덤으로 물건을 달라고 할 때는 배운 표현처럼 throw in이라고 해보세요. 가격 협상에 실패한다면 덤이라도 얻는 데 꼭 성공해야겠죠?!

089 적극적인 판촉 행위를 강하게 거절하는 방법

A Hey, man! I've got just the perfect watch for you! Why don't you try it on?!

이봐! 너한테 딱 맞는 시계 있는데 한번 차볼래?

K Yes? What?

네? 뭐라고요?

A It's a thousand dollars, but I'll give it to you for 50 dollars. How about that?

이거 천 달러짜리인데 50달러에 줄게. 어때?

K 하하… No….

평소에 많은 분들에게 고민 메시지가 오는데 그중에 미국 여행 가서 사기를 당했다는 내용도 굉장히 많아요. 미국 대도시에는 적극적으로 판촉 행위를 하는 사람이 많아요. 사진을 같이 찍자고 해놓고 돈을 달라고 하거나, 자기 음악이 들어 있는 CD를 강제로 파는 사람들이 대표적이죠. 구매하기 싫으면 거절을 잘해야 하는데 보통 한국 사람들은 거절할 때 미안한 감정을 느끼나 봐요. 그래서 옅은 미소를 지으면서 No…라고 하는 것 같아요. 부드럽고 착한 거절 방법이지만, 슬프게도 미국 사기꾼들에게 그런 거절은 아무런 효과가 없어요. 미소를 짓고 있기 때문에 긍정 신호로 생각하거나 만만하게 볼 수 있습니다. 제가 정리한 표현을 기억하시고 강하게 거절하세요. 시선은 꼭 피하고 정색하는 표정을 지으세요.

● Sorry. I'm not interested.

관심 없습니다.

● No. Thank you!

아뇨. 사양할게요!

★ 대표적인 표현입니다.

● Maybe next time.

다음에 살게요.

★ 착하게 거절하고 싶을 때

● I already have one.

똑같은 거 있어요.

● I lost my wallet. I don't have any cash.

지갑 잃어버렸어요. 현금이 없어요.

● I'm broke. Sorry.

돈 다 써버렸어요. 죄송합니다.

▶ YouTube TALK

구독자 코멘트

너무 강하게 거절하면 총 꺼낼까 봐 무서워요.

👍 👎

올리버쌤 한국과 달리 미국은 총기 사고가 많이 일어나다 보니 이런 걱정 하는 분들도 이해가 돼요. 안전한 미국 여행을 위해서 최대한 낮 시간에 다니고, 도시에서는 변두리보다 사람이 많은 도심을 여행하시길 추천해드립니다. 만약 이리저리 돌아다니다가 창문마다 쇠창살이 있고 가게에 방탄유리가 설치된 것을 본다면, 여러분이 치안이 안 좋은 동네에 있다는 신호입니다. 저는 개인적으로 좀 위험한 도시를 여행할 때는 잃어버려도 괜찮은 낡은 지갑에 조금의 현금과 안 쓰는 카드를 넣고 다녀요. 혹시나 강도를 만났을 때 바로 가짜 지갑을 주면 안전하게 풀려날 수 있을 테니까요. 이 방법이 괜찮다고 생각하시면 여러분도 따라 해보세요.

090 시비 거는 사람에게 대꾸하는 법

A
Are you from North or South Korea?
너 북한에서 왔냐? 남한에서 왔냐?

K
What did you say?
너 뭐라고 했어?

A
Is your last name Kim?
성은 아마 김 씨겠지?

K
Yes. That's right. So what?
응, 맞는데. 어쩌라고?

A
Everyone from Korea has that name. HAHAHA!
한국인들은 다 그 이름이더라. 하하하!

저는 한국에 와서 새로운 사람을 많이 만나고 한국 친구를 많이 사귀었어요. 여러분도 해외여행을 가거나 유학을 가면 새로운 사람을 많이 만날 수 있겠죠? 하지만 항상 좋은 경험만 할 수 있는 건 아닙니다. 새로 산 귤 박스를 열어보면 썩은 귤을 하나 정도 발견할 수 있잖아요. 그것처럼 여러분도 성격이 고약한 사람을 만나게 될 수 있어요. 그런 일이 있으면 안 되겠지만 그 사람이 여러분의 자존심에 상처를 낼 때, 대꾸할 수 있는 표현을 배워두는 건 어떨까요? 싸움을 크게 만드는 것은 현명하지 않은 일이지만, 뭐라고 대꾸할지 몰라서 반응을 안 하는 것과 일부러 참는 것에는 큰 차이가 있을 테니까요. 게다가 이런 표현을 알아두면 액션 신이 많은 영화를 볼 때 더 큰 재미를 느낄 수 있을 거예요.

● **What are you staring at?**

뭘 봐?

★ 생활영어에서 are를 빼고 말하기도 해요.
★ 줄여서 Whatcha starin at?이라고 할 수도 있어요.

● **You got a problem?**

불만 있어?

● **You talking to me?**

나한테 말했냐?

● **Who do you think you are?**

네가 뭔데?

★ What are you라고 하지 마세요.

● **You gonna make a move?**

한 대 치려고?

● **You better back off.**

꺼져줄래?

★ back off : 뒤로 물러서다

● **I'm a black belt in taekwondo.**

나 태권도 검은띠거든?

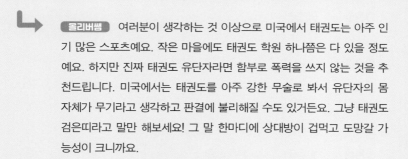

구독자 코멘트

태권도를 일반 미국인들도 잘 아나요? 저도 태권도 검은띠인데 누가 시비 걸면 한번 써먹어봐야겠네요.

👍 👎

올리버쌤 여러분이 생각하는 것 이상으로 미국에서 태권도는 아주 인기 많은 스포츠예요. 작은 마을에도 태권도 학원 하나쯤은 다 있을 정도예요. 하지만 진짜 태권도 유단자라면 함부로 폭력을 쓰지 않는 것을 추천드립니다. 미국에서는 태권도를 아주 강한 무술로 봐서 유단자의 몸 자체가 무기라고 생각하고 판결에 불리해질 수도 있거든요. 그냥 태권도 검은띠라고 말만 해보세요! 그 말 한마디에 상대방이 겁먹고 도망갈 가능성이 크니까요.

QUIZ 퀴즈

001 대박 촌스러워!

002 나 바보 아님.

003 나 어제 필름 끊기도록 마셨어.

004 잔소리 좀 그만해요.

005 너 썸 타는 사람 있어?

006 어디서 널 만나본 것 같은데?

007 그리고 이미 임자 있어. 잘 가!

008 그럼 덤으로 뭐 더 주세요.

009 관심 없습니다.

010 네가 뭔데?

That's so   !

I   stupid.

I was   drunk last night.

Get   my back.

Are you   anyone?

Do I know you   somewhere?

Actually, I'm already   . BYE!

Could you   in something extra with this?

Sorry. I'm not   .

     do you think you are?

Q
외국인 친구랑 왜 친해지기 힘들까요?

A
외국인 친구와 어울려서 영어로 대화하다 보면 재미도 있고 영어 실력도 많이 늘죠? 저도 한국어를 공부할 때 열심히 한국인 친구를 사귀고, 그 친구들과 어울려 놀려고 노력을 많이 했어요. 그런데 외국인 친구와 깊은 우정을 나누기란 쉬운 일이 아니죠. 왜 그런 걸까요? 외국인이다 보니 역시 문화와 공감대가 달라서? 언어 장벽 때문에? 친해지면 더 깊고 재미있는 대화를 해볼 수 있을 텐데, 얕은 관계에만 머물다 보면 아무래도 아쉬움이 크죠.

사실 많은 분들이 외국인 친구를 사귈 때 '이름이 뭐야?' '어디서 왔어?' '여기 어때?' '맛있어?' 같은 표현을 많이 사용해요. 초기 단계에는 아주 유용한 표현지만 이렇게 대화하다 보면 대화 수준이 아주 얕을 수밖에 없어요. 그래서 며칠 동안은 즐겁게 얘기할 수 있겠지만 그 이후에는 할 말이 없어서 어색해지죠. 바로 이 단계에서 많은 분들이 어색함을 못 견디고 대화를 피하게 되는 것 같아요.

그렇다면 친구와 함께 영어 신문을 읽어보는 건 어떨까요? 꼭 어려운 게 아니더라도 괜찮아요. 뜬금없이 무슨 영어 신문이냐고요? 여러분의 이해를 위해 제 경험담을 얘기해드릴게요. 제가 스페인에 있었을 때 작은 시골 마을에서 지내게 되었어요. 아름다운 도시였지만 도착하자마자 하늘이 무너지는 것 같았어요. 아는 사람도 하나 없는데, 와이파이는 커녕 인터넷도 잘 안됐거든요. 일이 끝나고 나면 재미있게 시간을 보낼 방법이 없었죠. 며칠 동안 무료함으로 고생하다가, 어느 날 기차역으로 걸어가보기로 마음먹었어요. 그 동네의 유일한 카페가 그 기차역에 있었거든요. 가는 길에 종이 신문을 샀고 그 카페에 앉아 하루 종일 스페인어 신문을 읽었어요. 좀 지루하긴 했지만 아무것도 안 하는 것보다는 시간이 잘 가더군요.

여느 날과 같이 신문을 읽고 있는데 앞에 아저씨들이 큰 소리로 대화하는 게 들렸어요. 그 지역 근처에서 일어난 큰 살인사건이 주제였어요. 저는 이미 신문을 너무 많이 읽었던 터라, 그 사건의 전말을 잘 알고 있었죠. 그래서 자연스럽게 그들의 대화에 끼게 되었어요. 지역 뉴스를 외국인인 제가 더 잘 알고 있으니 아저씨들은 좀 놀란 것 같았어요. 그리고 외국인이지만 자신이 사는 지역에 대해 관심이 크다는 것을 느낀 것 같았어요. 그래서 자연스럽게 아주 친해지게 되었고, 제가 그 카페를 찾을 때마다 아저씨들이 말을 걸어주기 시작했어요. 신문을 많이 읽었던 덕분에 자연스럽게 다양한 대화 주제가 생겼고, 사람들과 깊은 우정이 생기기 시작했어요. 전 더 열심히 스페인어를 공부해야겠다는 동기도 느낄 수 있었고요. 그래서 의도치 않게 짧은 기간 동안 스페인어가 아주 많이 늘게 되었답니다.

여러분도 영어 신문을 읽게 되면 다양한 주제로 좀 더 쉽게 대화를 나눠볼 수 있을 거예요. 상대방의 관심을 끌고 재미있는 대화를 하기에 뉴스만큼 좋은 재료는 잘 없거든요. 상대방이 속한 사회 뉴스를 알수록 자연스럽게 할 얘기가 많아지고, 대화 분위기도 더 좋아지고, 우정도 쉽게 쌓을 수 있을 거예요. 게다가 영어 읽기 실력은 덤으로 얻을 수 있겠죠? 꼭 참고해보세요.

사회생활에
유용한 표현들

'회사 다닌다'
영어로 말하면 어색한 이유

A So what do you do for a living?
그래서 넌 뭐 해서 먹고 살아?

K I'm a company employee.
나 그냥 직장인이야.

A Oh··· a company employee··· Where do you work?
아··· 직장인··· 어디서?

K Just a company.
그냥 회사.

A ···Okay···.
그, 그래.

한국말로는 '회사 다닌다' '직장 다닌다'라는 표현이 어색하게 들리지 않죠? 하지만 이걸 영어로 번역해서 I work at a company라고 하면 상대방이 당황한 표정을 지을지도 몰라요. 보통 미국인들은 맥도날드에서 일하는 것, 삼성전자에서 청소부로 일하는 것, 출판사에서 디자이너로 일하는 것, 건축회사에서 회계일 하는 것 등등 모두 회사에서 일하는 개념으로 생각하거든요. 그래서 회사에서 일한다는 대답은 '어디에서 왔어요?'라는 질문에 제가 '서양에서 왔어요!'라고 대답하는 것처럼 모호하고 애매하게 들립니다. 매끄러운 소통을 위해서 최대한 구체적으로 대답하는 것이 좋아요.

● **I work for Koogle.**

난 쿠글에서 일해.

● **I work for Byundai.**

난 변대에서 일해.

● **I work for Sasung.**

난 사성에서 일해.

● **I work for Bying Mart.**

난 바잉 마트에서 일해.

● **I work at Mckim's.**

난 맥킴에서 일해.

● **I work at Cancun Tire.**

난 칸쿤 타이어에서 일해.

★ 전치사로 for 대신 at도 사용할 수 있어요.
그러면 어디서 일하는지가 강조됩니다.

YouTube TALK

구독자 코멘트

잘 알려지지 않은 중소기업에 다닌다면 회사 이름 말하
긴 좀 어색할 거 같아요. 말해도 무슨 일 하는지 모를
테니까요.

올리버쌤 걱정하지 마세요! 꼭 회사 이름을 말할 필요는 없으니까요.
불분명하게 말하고 싶으면 회사 이름 대신 업종으로 대답해도 됩니다.
게다가 미국에는 상대방의 프라이버시를 존중하는 문화가 강하기 때문
에, 아마 회사 이름을 꼬치꼬치 캐내려고 드는 사람은 잘 없을 거예요.

- I work for an accounting firm/company.
  전 회계 사무소에서 일해요.

- I work for a marketing company.
  전 마케팅 회사에서 일해요.

- I work for an insurance company.
  전 보험 회사에서 일해요.

- I'm an engineer.
  난 공학자야.

- I'm an artist.
  난 예술가야.

092 영어 면접에서 바로 합격하는 유용한 표현

A **Why should we hire you?**
왜 당신을 고용해야 할까요?

K **Ah··· Because I work very hard?**
아··· 전 열심히 일 하니까요?

(며칠 뒤)

K 연락 안 오네. 떨어졌나 봐···. ☹

 ★ 혹시 해외 취업을 준비 중인가요? 생활 회화를 잘하는 사람이라도 영어 면접은 어려울 수 있어요. 한국에서도 친구와 대화할 때 쓰는 말투와 면접할 때 쓰는 말투가 다른 것처럼 영어도 마찬가지니까요. 어떤 어휘를 써야 어필이 될지, 어떤 문장으로 말해야 가벼워 보이지 않을지 걱정 많이 되시죠? 걱정 마세요! 여러분의 합격을 위해서 기본적인 질문에 멋지게 대답할 수 있는 문장을 준비했어요.

━ EXPRESSIONS 이렇게 말해보세요 ━━━━━━━━

학위 말하기

● **I graduated from Harvard with a degree in advertising.**

광고 전공 학위를 받고 하버드를 졸업했어요.

★ 학사가 아닌 대학원인 경우에는 I have a master's degree from (대학교) in (전공)

장점 말하기

● **I enjoy collaborating with people on group projects.**

저는 사람들과 협업하는 업무를 즐깁니다.

★ 최대한 명확한 어휘력으로 여러분의 강점을 강조하세요.
punctual : 시간을 잘 지키는
ambitious : 야망 있는
proactive : 알아서 다 해놓는
adaptable : 적응력이 뛰어난
reliable : 믿을 수 있는
work well under pressure : 스트레스에 잘 견디는

단점 말하기

● **Since I'm a perfectionist, I pay attention to all the details.**

저는 완벽주의자라서 작은 디테일에도 신경을 쓰는 편이에요.

★ 최대한 면접관이 좋아할 만한 단점을 말하는 게 좋아요.

경험 말하기

● **For the past year, I've worked as an intern at Koogle as a copywriter.**

작년에 쿠글에서 카피라이터 인턴으로 일했습니다.

★ 응용 표현 : For (기간), I've worked as (직위) at (회사) as (포지션)

입사 동기 말하기

● **I've always been passionate about advertising.**

저는 언제나 광고에 열정이 컸어요.

★ be interested in~ 보다 더 인상 깊은 표현입니다.

● **And I believe that through your company I'll be able to grow both professionally and as a person.**

그리고 저는 이 회사를 통해 업무적으로 정신적으로 성장할 것입니다.

▶ YouTube TALK

구독자 코멘트

이 영상 보고 얼마 뒤에 영어 면접이 있었는데, 합격했
어요! 유용한 정보 정말 감사해요. 🙏

👍 👎

 올리버쌤 아마 커뮤니케이션이 중요한 업무라면, 영어 실력이 아주 중요할 수 있어요. 사람과 소통하는 데 가장 기본적인 도구니까요. 하지만 커뮤니케이션보다 특정한 기술을 중요하게 다루는 업무라면, 사실 영어 면접에서 화려한 화술은 크게 중요하지 않을지도 몰라요. 헤어 디자이너인 제 친구가 영국에 일을 구하러 갔는데, 영어를 잘 못한다고 엄청 고민하고 면접 전날까지 잠을 잘 못 자더라고요. 그런데 너무 기술이 좋아서 영어 실력이 크게 문제되지 않고 바로 합격했답니다! 돈도 아주 많이 번 것 같아요. 최근에는 새 차도 한 대 뽑았더라고요. 영어 실력에 너무 위축되지 말고 여러분의 성장 가능성과 능력에 무게를 싣고 면접에 임해보세요. 무엇보다 가장 좋은 스펙은 자신감이니까요!

영어 면접에서 예상치 못한 질문에 대처하는 방법

A Could you please estimate the cockroach population in Seoul?

서울에 바퀴벌레가 몇 마리 살고 있을까요?

K 아… 음… 😟

A You're not hired. Next!

불합격입니다. 다음 지원자.

K 흑흑… 엄마가 엄청 실망하시겠다.

⭐ 예상하지 못한 어려운 질문을 면접에서 받아본 적 있으세요? 많은 분들이 머리가 새하얘지고 손에서 땀이 나는 경험을 해보셨을 거예요. 그런데 너무 당황해서 I don't know라고만 해버리면 분위기가 어색해지고 좋은 인상을 주지 못할 거예요. 완벽한 대답을 하지 못할 거라면 틀려도 재치 있는 대답이라도 해봅시다. 재치 있는 대답을 생각해낼 시간이 필요하다고요? 걱정 마세요! 제가 5초 정도는 벌 수 있는 표현을 준비해봤어요.

● **That's an interesting question.**

흥미로운 질문이네요.

● **Actually, I never thought about that before.**

그것에 대해서 생각해보지 못했어요.

★ 주의! 업무 관련 질문에서는 적절하지 못할 수 있어요.

● **Honestly, that's a difficult question to answer.**

솔직히 대답하기 쉽지 않은 질문이네요.

★ 이 문장은 정말 대답하기 힘들 때만 사용하시기 바랍니다.

● **I don't have the exact answer, but I imagine that~**

정확한 대답이 아닐 수 있겠지만, 제 생각은~

★ that 뒤에 대답을 붙여서 말하면 돼요.

● **There is no way to be certain, but~**

확실하게 말씀드리긴 힘들지만~

★ but 뒤에 대답을 붙여서 말하면 돼요.

● **I'm not 100% sure, but~**

100% 확신할 수 없겠지만~

YouTube TALK

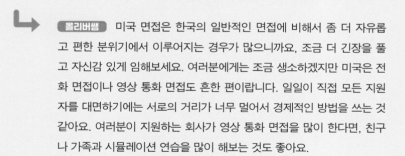

구독자 코멘트

평소에는 안 그러는데 발표나 면접 같은 자리에 서면 머릿속이 새하얘져요.

👍 👎

올리버쌤 미국 면접은 한국의 일반적인 면접에 비해서 좀 더 자유롭고 편한 분위기에서 이루어지는 경우가 많으니까요, 조금 더 긴장을 풀고 자신감 있게 임해보세요. 여러분에게는 조금 생소하겠지만 미국은 전화 면접이나 영상 통화 면접도 흔한 편이랍니다. 일일이 직접 모든 지원자를 대면하기에는 서로의 거리가 너무 멀어서 경제적인 방법을 쓰는 것 같아요. 여러분이 지원하는 회사가 영상 통화 면접을 많이 한다면, 친구나 가족과 시뮬레이션 연습을 많이 해보는 것도 좋아요.

094 '아이디어 있어요?' 잘못 말하면 큰일난다

A Jimin. This needs to be done by Friday.

지민 씨. 이거 금요일까지 끝내주세요

K Oh··· Alright.

아··· 네.

A Is there a problem?

문제 있나요?

K 너무 어려워서 그러는데···

Do you have any idea?

▶ **의도:** 아이디어 혹시 있으신가요?

A What's that supposed to mean?

무슨 의미로 하신 말이죠?

회사에서 사람들과 회의할 때, 친구들과 함께 어떤 것을 계획할 때 가장 중요한 것은 뭘까요? 최대한 많은 사람들의 아이디어를 들어 보는 것이겠죠? 그중에서 보석 같은 아이디어를 찾을 수 있을 테니까요. 그런데 상대방에게 아이디어를 물어볼 때 Do you have any idea라는 표현을 쓰면 분위기가 상당히 어색해질 수 있습니다. 의도와는 달리 any와 단수의 idea가 만나면 딱 하나의 생각을 뜻하게 되어서 '생각이라는 게 있냐?'라는 의미가 되기 때문이죠. 한국어에는 단수와 복수 개념이 강하지 않은데 영어에는 뚜렷한 차이가 있다 보니 많은 분들이 실수하게 되는 것 같아요. 하지만 오늘부터 이 실수는 안녕입니다. 상대방에게 아이디어를 물어볼 때 자연스럽게 쓸 수 있는 표현 알려드릴게요!

● **I'm not sure what to do now. Do you have any ideas?**

이제 뭐 해야 할지 모르겠네. 넌 아이디어 있어?

● **I'm out of ideas. Can you think of any ideas?**

좋은 생각이 안 떠오르네. 네가 아이디어 생각해낼 수 있어?

● **Have you thought of any ideas for this project?**

이 프로젝트에 좋은 아이디어 생각해보셨어요?

● **Do you have any good ideas?**

좋은 생각 있어요?

● **Any ideas?**

좋은 생각 있어?

★ 아주 짧은 버전입니다.

▶ YouTube TALK

구독자 코멘트
Do you have any idea how much it is? 이것도 비꼬는 건가요?

👍 👎

⮡ 〔올리버쌤〕 Do you have any idea를 단독으로 쓰면 비꼬는 뉘앙스가 생기지만, 물어보려는 질문 내용과 합쳐지면 질문을 좀 더 강조하는 기능이 생깁니다. 그래서 질문의 내용에 따라 비꼬는 내용이 될 수도 있고, 아닐 수도 있게 돼요. 예를 들어 Do you have any idea how late it is?(지금 몇 시인지 알기나 하냐?) 질문이 고주망태로 밤늦게 들어온 배우자에게 쓰인다면 확실히 비꼬는 표현이 될 거예요. 반면에 사랑하는 사람에게 마음을 표현할 때 Do you have any idea how much I love you?(널 얼마나 사랑하는지 알기나 해?)라고 쓴다면 아주 로맨틱한 표현이 되겠죠! 똑같은 표현이지만 담는 질문과 말투와 억양에 따라 느낌이 아주 달라지는 게 느껴지시나요?

095 알바할 때 외국인 손님이 들어오면?

A Hi! Is anything on your menu gluten free?
글루텐 프리 메뉴 있나요?

A What's the most popular dish here?
여기서 가장 인기 있는 요리가 뭔가요?

A Can I order that to-go?
포장되나요?

A What is 1+1???
1+1이 뭐예요?

K 아… 외국인 손님 너무 힘들다….

아르바이트하다가 외국인 손님이 와서 당황한 경험이 있나요? 저도 가끔 카페나 편의점에 들어갈 때 점원이 저를 보고 당황해하는 것을 많이 느껴요. 아마 제가 한국말을 쓰지 못할 거라고 생각하고 영어로 주문을 받아야 할까 봐 긴장하나 봐요. 물론 제가 한국말로 말을 걸자마자 얼굴의 긴장이 눈 녹듯이 사라지지만요. 사실 외국인 손님이 기본적인 한국말을 구사할 수 있다면 최고겠지만, 그런 상황이 아니라면 다음의 간단한 표현으로 의사소통을 문제없이 해볼 수 있을 거예요.

● **Hi! Can I take your order?**

주문 도와드릴까요?

★ May를 쓰면 더 공손해집니다.

● **Sure! Take your time.**

네! 천천히 고르세요.

★ 손님이 아직 메뉴를 못 정했을 때

● **This is buy one get one free.**

이건 1+1입니다.

★ 원쁠원이라고 하면 이해를 못 하거든요.

● **This is 50% off.**

50% 세일 중이에요.

★ This is on sale for half off도 괜찮아요.

● **Would that be for here or to go?**

여기서 드세요? 아니면 포장이에요?

★ take out은 콩글리시입니다!

● **Would you like to pay in cash or card?**

현금과 카드 중에 어떤 걸로 계산하시겠어요?

● **Would you like your receipt?**

영수증 드릴까요?

Would you like a bag?
봉투 드릴까요?

Is that all for today?
계산할 거 이게 다죠?

Did you find everything you're looking for today?
오늘 필요하신 거 다 찾으셨어요?

Would you like anything else with that?
뭐 또 다른 거 필요하실까요?

Sorry. We ran out of sugar.
죄송합니다. 저희 설탕이 다 떨어져서요.

★ 재고가 떨어졌을 때 써볼 수 있어요.

▶ YouTube TALK

구독자 코멘트

지금 알바 중인 가게에 외국인이 가끔 오는데, 문을 열
고 들어오는 순간부터 가슴이 콩닥콩닥 뛰어요.

👍 👎

 영어로 주문 받는 것에 너무 스트레스 받지는 마세요. 미국
에서는 영어로 주문받는 게 당연한 것처럼, 한국에서는 한국말로 주문받
는 게 당연하니까요. 외국인들에게 영어로만 대해주다 보면 한국말을 배
울 필요성을 전혀 못 느끼게 될 수 있어요. 그들을 한국말의 매력에 푹
빠지게 만들고 싶다면 한국말로 주문을 받아보는 것도 좋겠네요. 어색하
고 미숙한 한국말 주문도 괜찮다면 한국말 주문을 요청해보세요. Speak
in Korean이라고 할 수도 있지만 이건 조금 강한 표현이니까 부드럽게
이렇게 말해보세요.

- Could you please order in Korean?
  한국말로 주문해주시겠어요?

096 '취준생'을 job seeker라고 하면 어색한 이유

A I work at Sasung.

나는 사성에서 일해.

K Really? I used to work there.

진짜? 나도 거기서 일했었는데.

A Oh yeah? So where do you work now?

그래? 그럼 지금은 어디서 일해?

K Um… I'm a job seeker now.

음… 지금은 취준생이야.

 ★ 직업을 구하는 중, 즉 백수 상태를 영어로 어떻게 말할 수 있을까요? 한국말로는 취준생이라고 하죠? '취업 준비 중인 학생'이라는 의미로 이런 표현이 생긴 것 같은데 이 말을 영어로 표현할 때 많은 분들이 job seeker라고 하더라고요. 그런데 이 표현은 주로 다른 사람에 대해서 말할 때나 신문이나 뉴스에서 사용해요. 그래서 본인을 소개하는 표현으로 사용하기엔 조금 어색할 수 있어요. 영어 면접을 보거나 지인에게 자신의 상태를 묘사할 때는 다음 표현을 참고해서 사용해보세요.

● **I'm looking for work.**

일 구하는 중이에요.

★ 간단명료한 느낌

● **I'm job hunting.**

일 찾는 중이에요.

★ 적극적이고 활동적인 느낌

● **I'm putting together my portfolio.**

취업 준비 중이에요.

★ 체계적으로 취업을 준비하는 느낌

● **I'm unemployed.**

무직 상태입니다.

★ 담백한 표현

● **I'm between jobs.**

다른 일 찾고 있어요.

★ 현재 잠깐 쉬는 단계일 뿐이며 곧 새로운 일을 한다는 뉘앙스

▶ YouTube TALK

구독자 코멘트
I'm looking for jobs라고 말해도 괜찮나요?
👍 👎

 올리버쌤 대부분 사람들은 직업을 하나만 가지고 있잖아요. 그래서 보통 I'm looking for a job이라고 해요. 만약 여러 개의 직업을 의미해서 말하고 싶다면 I'm looking for work이라고 해보세요. 이 문장에서 work 는 하나의 직업을 의미할 수도 있고 여러 개를 의미할 수도 있으니까요. 만약 주말 투잡을 구하는 중이라면 좀 더 명확하게 I'm looking for a weekend job이라고 말하는 게 좋겠어요. two job이라고 말하면 원어민이 이해 못 할 수 있으니 주의해주세요!

097 Sit down, please
전혀 공손한 표현이 아니다

K 앤드류 씨, 미팅 시작할까요? 앉아주세요. Sit!

A Sit?

K Yes. Sit down, please!
   네. 앉아주세요!

A Ummm··· Do I look like a dog to you?
   아··· 제가 그쪽에게 개처럼 보이나 봐요?

K 엥? 내가 뭐 잘못했나?

지인을 집에 초대했을 때나 업무용 미팅을 가지게 되었을 때 '자, 편하게 앉으세요' '자리에 앉으시죠!'라는 말을 자주 쓰시죠? 이렇게 공손히 자리를 권하는 표현을 영어로 할 때 Sit down, please라고 하는 분이 꽤 많은 것 같아요. 하지만 이 표현은 명령하는 느낌이 강해요. 특히 sit은 강아지에게 자주 쓰는 명령식 표현이기 때문에 please와 함께 써도 공손하게 들리지 않는답니다. 업무용으로 써도 손색없는 표현만 골라 알려드릴게요.

● **Have a seat.**

앉으세요.

● **Please, have a seat.**

자, 앉으세요.

● **Thank you for coming. Please, have a seat.**

와 주셔서 감사합니다. 앉으세요.

● **Please, take a seat.**

자, 앉으세요.

● **Please be seated.**

착석하시기 바랍니다.

★ 기내, 교회 등에서 들을 수 있는 표현

▶ YouTube TALK

구독자 코멘트

'앉아도 될까요?' 하고 묻고 싶을 때는 어떻게 말해요?
Can I have a seat? 혹은 의자를 가리키면서 Can I?

👍 👎

올리버쌤 문법적으로 정확한 규칙은 없지만 have a seat은 제안하는
경우에만 더 자연스럽게 들리는 경향이 있어요. 그래서 거꾸로 물어볼
때 쓰면 어색한 느낌이 살짝 있습니다. 또 의자를 가리키면서 Can I?라
고만 하면 눈치 없는 사람은 이해하기 어려울 수도 있을 것 같아요. 참고
해보실 수 있게 자연스러운 문장을 추가로 소개해드릴게요.

- Can I sit down?
  앉아도 됩니까?

- Do you mind if I sit here?
  여기 앉아도 될까요?

- Do you mind if I take a seat?
  앉아도 될까요?

098 번역기도 잘못 알려주는 '네 스케줄에 맞출게'

K Is Friday okay?

너 금요일 괜찮아?

A Well··· I'm kind of busy on Friday.

음··· 금요일은 좀 바쁜데.

K I'll fit you in your time!

▶ **의도:** 아, 그럼 내가 네 스케줄에 맞출게.

A ···What do you mean by that?

···그게 무슨 소리야?

 약속을 잡으려고 하는데 내 스케줄에 비해 상대방의 스케줄이 여유롭지 않을 때, '제가 그쪽 스케줄에 맞출게요'라는 표현을 자주 쓰시죠? 상대방의 시간을 배려하는 공손한 표현 중 하나인 것 같아요. 그런데 많은 분들이 이 표현을 번역기에서 찾아 I'll fit you in your time 혹은 I'll make it your time이라고 하시더라고요. 하지만 안타깝게도 이 표현은 아예 말이 안 되는 표현입니다. 그래서 애써 말해도 상대 미국인이 이해를 제대로 못 할 가능성이 커요. 제가 상황에 맞게 자연스럽게 쓸 수 있는 표현만 모아봤습니다.

예의를 갖춘 표현

● **I can adjust my schedule to accommodate you.**

당신의 편의에 맞게 제 스케줄 조정 가능해요.

★ accommodate : 수용하다, 환경 등에 맞추다

● **I can arrange my schedule around you.**

당신의 스케줄에 제 스케줄 맞출 수 있어요.

● **I can work around your schedule.**

당신 스케줄에 맞출 수 있습니다.

캐주얼한 표현

● **What time works best for you?**

너는 언제가 제일 좋은데?

★ 내가 맞춰준다는 의미가 이미 들어 있어요.

● **Just let me know when and where and I'll be there!**

시간이랑 장소 말하면 내가 맞출게!

YouTube TALK

구독자 코멘트
영화 〈위대한 개츠비〉에서 개츠비가 Anytime suit you라는 말을 쓰더라고요.

올리버쌤 그 영화 저도 재미있게 봤어요. 그런데 The time that suits you가 맞는 대사 같습니다. 상대방이 When would you like to meet?(언제 만나고 싶어?)라고 물었을 때 '네가 편할 때'라는 뜻으로 사용해요.

- Let's meet at whatever time suits you.
  네가 편한 시간에 만나자.

- Let me know what time suits you.
  네가 편한 시간 알려줘.

- I can meet you at whatever time suits you.
  네가 편한 시간 아무 때나 만날 수 있어.

099 '잘 부탁드려요' 영어로 말하지 마라?!

A **Are you that new guy Taejun?**

당신이 그 신입 사원 태준 씨?

I'm Jake. We'll be working together.

전 제이크입니다. 우리 같이 일하게 될 거예요.

K **I'm not a perfect person, but I look forward to your kind cooperation.**

▶ **의도:** 아, 저 부족한 점 많지만 잘 부탁드려요.

A **⋯Okay⋯.**

K 예의 있게 인사했는데 반응이 왜 차갑지?

한국 사람끼리 '잘 부탁합니다'라는 표현을 자주 쓰다 보니 영어로는 어떻게 말할 수 있는지 많은 분들이 궁금해하더라고요. 번역기에서는 I look forward to your kind cooperation이라고 나오지만, 이 표현을 실제로 사용하는 것을 추천해드리지는 않습니다. '당신의 친절한 협조를 기대합니다'로 해석돼 아주 딱딱하고 어색한 표현이거든요. 솔직히 말씀드리면 이 말을 번역할 수 있는 적절한 영어 표현이 없습니다. 많은 미국인들이 새로운 사람을 만나거나 일을 시킬 때 '부탁' 개념을 떠올리지 않거든요. 그래서 이 말을 아예 생략해서도 됩니다. 그래도 뭔가 말을 하고자 한다면 상황별로 이렇게 말할 수 있겠어요.

EXPRESSIONS 이렇게 말해보세요

새 직장에서 사람들을 만났을 때 (기대감 표현하기)

● **I'm looking forward to working with all of you.**

여러분이랑 같이 일하게 돼 기대됩니다.

동아리나 모임에 가입했을 때 (반가움 표현하기)

● **I'm very excited to meet you all.**

모두들 만나게 돼서 너무 기뻐요.

업무를 시킬 때 (고마움 표현하기)

● **Could you upload that to the database?**

데이터베이스에 업로드 좀 해줄래요?

I appreciate it.

고마워요.

▶ YouTube TALK

> **구독자 코멘트**
> **문화적인 차이가 참 크다는 생각이 들어요.**
> 👍 👎

 맞아요. 한국에 있는 겸손 문화가 미국 문화에 없다 보니 이런 표현을 영어로 옮기기가 힘든 것 같아요. 특히 '제가 좀 부족하지만' '제 아이가 좀 모자라지만'과 같은 표현은 최대한 생략하는 게 좋을 것 같아요. 아무리 자연스럽게 표현하려고 해도, 미국인들 머릿속에 겸손을 읽는 프로그램(?)이 없기 때문에 진짜 '모자란 사람'으로 이해할 수도 있거든요. 앞으로 미국 사람과 처음 만나 인사를 나눌 때는 겸손의 미덕보다는 자신감의 미덕을 뽐내보도록 해봅시다! 여러분의 매력에 상대방이 풍덩 빠져버릴 거예요!

100 미국인에게 메일 보낼 때 이 문장은 이제 그만?!

K   어? 외국계 회사에 보낸 메일 답장 왔다! 회신해야지!

음… 먼저 메일 잘 받았다고 인사해야겠지?

I received your email well!

많은 한국 사람들이 업무용 메일을 쓸 때 '메일 잘 받았습니다'라는 문장을 즐겨 사용하는 것 같아요. 그래서 영어로 메일을 쓸 때도 I received your email well이라고 하는 분이 많더라고요. 문법적으로 틀린 문장은 아니지만 원어민에게는 살짝 어색하게 느껴질 수 있어요. 영미권은 업무 환경이 한국보다 좀 더 캐주얼하다 보니 그 표현이 지나치게 딱딱하게 느껴질 수 있고, 사실 메일에 회신하는 것 자체가 이미 메일을 확인했음을 알려주고 있기 때문에 굳이 필요하지 않다고 생각하거든요. 그래서 인사 뒤에 바로 본론으로 들어가셔도 돼요. 하지만 왠지 바로 본론으로 시작하는 게 기분상 영 어색하다면 아래 표현을 참고해볼 수 있겠습니다.

● **Thank you for contacting me.**

연락 주셔서 감사합니다.

● **Thank you for getting back to me.**

답장해주셔서 감사합니다.

● **Thank you for responding so quickly.**

빨리 연락 주셔서 감사합니다.

● **Hi, Oliver. Thank you for reaching out to me.**

안녕하세요, 올리버 씨. 연락 주셔서 감사합니다.

★ 이름 바꿔서 응용 가능하겠죠?

▶ YouTube TALK

구독자 코멘트

업무상 영어로 메일 주고받을 일이 많은데, 시작하는
말을 좀 더 다양하게 쓸 수 있겠어요.

👍 👎

 올리버쌤 　도움이 되셔서 기쁘네요. 업무용 메일은 최대한 전문적
으로 보여야 좋은 것 같아요. 여러분의 성공적인 사회생활을 위해 메
일 맺음말도 알려드릴게요. 먼저 Best regards, Best wishes, With
appreciation, With gratitude 등등 중에 원하는 말을 쓴 후 full name,
직업과 지위, 연락처를 순서대로 써보세요. 아래 예시처럼요!

Best regards,

Long Silver
Chef, Yummy Fish Restaurant
010-555-5555
jjamison@email.com

QUIZ 퀴즈

001 난 쿠글에서 일해.

002 저는 언제나 광고에 열정이 컸어요.

003 그것에 대해서 생각해보지 못했어요.

004 좋은 생각 있어요?

005 이건 1+1입니다.

006 다른 일 찾고 있어요.

007 자, 앉으세요.

008 당신 스케줄에 맞출 수 있습니다.

009 여러분이랑 같이 일하게 돼 기대됩니다.

010 답장해주셔서 감사합니다.

I work ___ Koogle.

I've always been ___ about advertising.

Actually, I ___ thought about that before.

Do you have any good ___?

This is buy one get one ___.

I'm ___ jobs.

Please, ___ a seat.

I can work ___ your schedule.

I'm looking ___ to working with all of you.

Thank you for getting ___ to me.

377

Q————

영어로 말하면 애들이 잘난 체한다고 생각할 것 같아요.

A————

여러분이 영어 공부를 많이 하면 실력이 자연스럽게 올라가는 것을 느낄 거예요. 어색했던 발음도 자연스러워지고, 말로 꺼내기 힘들었던 어려운 문장도 쉽게 만들 수 있게 되겠죠. 그런데 이 단계에서 많은 학생들이 남들에게 '잘난 척'으로 보일까 봐 입을 다시 닫아버리는 경우가 많아요.

한국에서 학생들을 가르칠 때 가장 안타까웠던 경우가 바로 그럴 때였어요. 어떤 학생은 미국에서 몇 년 살다 와서 이미 영어 실력이 좋았어요. 저와 함께 사회적인 이슈에 대한 대화도 가능한 수준이었죠. 그런데 다른 친구들이 주위에 있거나 수업 시간이 되면 깜짝 놀란 조개처럼 입을 단단하게 닫아버리는 거예요. 처음엔 그 이유를 몰라서 수업 시간에 억지로 영어를 시켜보기도 해봤는데 그 학생은 심지어 영어를 못하는 척까지 했어요. 알고 보니 그 학생이 편하게 영어로 말할 때, 주위 친구들이 "올~~~~ 잘난 척!!"이라고 놀리더라고요. 처음에는 아주 충격을 받았죠. 친구들이 그렇게 반응할 거라고는 상상도 못 했거든요. 시간이 지나 한국의 강한 경쟁 분위기를 알게 된 뒤로 그 이유를 조금씩 짐작하게 되었어요. 워낙 경쟁하는 분위기가 강하다 보니 학생들도 서로의 실력을 칭찬하기보다 질투가 앞서게 되는 것이겠죠.

하지만 그 분위기에 본인을 맞춰서 살다 보면 여러분의 실력이 조금씩 후퇴될 수 있습니다. 운이 좋아서 후퇴하지는 않더라도 실력이 더 이상 오르지 않는 상황이 생길 수 있어요. 마음이 불편할 수 있겠지만, 친구들의 질투를 조금 감수하면서 여러분의 실력을 솔직하게 보여주는 건 어떨까요? 다른 아이들보다 실력이 좋으니까 시기와 질투를 받기 쉽겠지만 동시에 영감을 주는 존재가 될 수도 있어요. 미워하는 아이들도 있겠지만 멋지다고 생각하고 도움을 받고 싶어 하는 친구도 반드시 있을 테니까요.

질투와 미움에 가끔 마음이 아프겠지만, 항상 안티는 존재하는 법이라고 편하게 생각해보세요. 나를 질투하는 아이들은 영원히 내 옆에 존재하지 않을 거예요. 미움은 일시적입니다. 여러분의 실력은 영원히 빛날 거예요. 😊👍

우리 항상 재미있는 영어로 만날 수 있겠죠?!
그럼 다음에 봐요, 빠잉~!!!